图文典藏版

江 涛◎著

三国雄读

中国文史出版社

## 图书在版编目（CIP）数据

三国趣读 : 图文典藏版 / 江涛著 . -- 北京 : 中国
文史出版社 , 2018.7
ISBN 978-7-5205-0151-4

Ⅰ . ①三… Ⅱ . ①江… Ⅲ . ①中国历史 – 三国时代 –
通俗读物 Ⅳ . ① K236.09

中国版本图书馆 CIP 数据核字（2018）第 048545 号

责任编辑：刘　夏

出版发行：中国文史出版社
网　　址：www.wenshipress.com
社　　址：北京市西城区太平桥大街 23 号　　邮编：100811
电　　话：010-66173572　66168268　66192736（发行部）
传　　真：010-66192703
印　　装：北京温林源印刷有限公司
经　　销：全国新华书店
开　　本：1/16
印　　张：19.25
字　　数：230 千字
版　　次：2019 年 1 月北京第 1 版
印　　次：2019 年 1 月第 1 次印刷
定　　价：49.80 元

有国由来在得贤，
莫言兴废是循环。
武侯星落周瑜死，
平蜀降吴似等闲。

　　这首《读三国志》是唐末诗人李九龄写的，简单的四句就概括了整个三国的历史。

　　三国虽然离我们很遥远，但是三国的传说故事却让现代人津津乐道，茶余饭后谈论三国的人不少，似乎每个人都能说出自己对三国的一些见解，他们谈论的三国故事主要来源于《三国演义》。演义，早已成为一种对历史的人文解读。《三国演义》的确很精彩，但它不是历史，它是罗贯中取材于东汉末年和魏、蜀、吴三国的历史，根据《三国志》而改写的通俗小说。因为它是历史小说，又影响巨大，所以使得大多数人对于三国的理解都来源于这本书，其实很多故事、桥段，在真实的三国历史上是没有出现过的，有些演义甚至是离题万里。

如今不管是书籍、电视、电影，戏说、歪说的太多了，真实的历史在演义中早已面目全非，就拿三国来说，大概没有很多人读过《三国志》，所以老有人把小说里的东西当成真的历史拿来评论，其实大多数人知道的三国和真实的三国相去甚远，这里简要地列举一些不同之处。

桃园结义：正史并无写到三人有结拜，只提到情若兄弟，并且从年龄上看关羽比刘备大，刘备比张飞大。

温酒斩华雄：华雄死于江东猛虎孙坚刀下。

长坂坡七进七出：赵云护送家小撤退十分平淡。

华容道关羽义释曹操：在华容道拦截曹操的是刘备，但是他去晚了，所以让曹操跑掉了。

六出祁山：诸葛亮伐魏五次，只有第一次和第四次到了祁山。

周仓：正史上没周仓之人，似乎是个虚构的人物。

……

《三国志》不会像文学作品《三国演义》那样绘声绘色、精彩纷呈，甚至有些枯燥乏味，但是它才是真实的历史记录，是历史的原影重现。

《三国趣读》这本书取材《资治通鉴》《三国志》《史记》等正史，撇开了我们以往熟知的《三国演义》，通过正史，还原了历史的真面目，让三国的脉络更加清晰、真切。

本书没有按照时间顺序，也没有按照正史的分类，因为那只是史书的白话版，读者对于枯燥无味的历史叙述也没有多大兴趣，为了方便读者阅读，本书打破了史书的分类习惯，把史书里面最有趣味的故事和最轻松幽默的片段拿出来，以展现与众不同的那一段三国历史，让读者在笑声中领悟，在轻松中阅读。

既解读历史，又不过度恶搞历史，这才是对历史的负责态度。这是一本为大众打造的轻松故事书，既有历史的严谨性，又有故事的趣味性，是一本三国正史佳作。

最后，就用苏轼的《念奴娇·赤壁怀古》作为本书的开篇吧。

大江东去，浪淘尽，千古风流人物。故垒西边，人道是，三国周郎赤壁。乱石穿空，惊涛拍岸，卷起千堆雪。江山如画，一时多少豪杰。

遥想公瑾当年，小乔初嫁了，雄姿英发。羽扇纶巾，谈笑间，樯橹灰飞烟灭。故国神游，多情应笑我，早生华发。人生如梦，一樽还酹江月。

# 目录

## 第三章　阴谋、阳谋，明争与暗斗

## 第四章　做人处世，三国有警示

## 第九章 三国时期的女性传奇

第十二章　堂堂正正，大丈夫当如是

　　过去的历史大多数是由胜利者或者当政者书写的，大多数记录的都是皇帝的生活起居或者言行实录，他们的事迹占了历史记录的大部分。但是也有例外，三国时期，英雄辈出，我们熟悉的历史上，没有哪一个时代可以与三国时期人们熟知的英雄数量相提并论，三国故事在民间太普及了。无论三国正史还是三国野史，帝王的言行实录在史书中占有的比例不足十分之一，很多人的目光关注的不是帝王或者诸侯，而是三国时期的英雄豪杰、谋臣志士，他们的事迹光耀史册，让后人敬仰赞叹。但是谈及某一段历史，是离不开帝王的言行的，本章就展示一下三国时期的帝王事迹，身处乱世，这些帝王过得并不如意。

# 1

## 爱攒私房钱的皇帝

古时的出嫁女子为了防止被丈夫或者婆家抛弃，会偷偷私藏一些首饰和衣物，以免遭抛弃后生活没有着落，这就是私房钱的来历。时至今日，很多已婚男子也爱藏私房钱，钱是男人胆，男人存私房钱也是为了花钱方便。不仅现代，古代也有人热衷攒私房钱。

汉灵帝就喜好积蓄私房钱，还爱收集天下的各种奇珍异宝。每次各郡、诸侯国向朝廷进贡，都要先精选出一部分珍品，送交管理皇帝私人财物的中署，叫作"导行费"。公元 181 年，中常侍吕强上书规劝说："普天之下的财富都归陛下所有啊，难道有公私之分？而现在，中尚方广敛各郡的珍宝，中御府堆满天下出产的丝织品，西园里收藏着理应由大司农管理的钱物，马厩中则饲养着本该归太仆管理的马匹。而各地向朝廷交纳贡品时，都要送上导行费。这样，征调数量增加，人民贫困，花费增多，贡品却少。贪官污吏从中牟利，黎民百姓深受其苦……"奏章送上去，灵帝根本不理睬。上行下效，皇帝这么做，自然会有更多的官员去"学习"的，"小金库"都是满满当当的，最后这些钱财都要摊派到百姓身上，遭殃的还是老百姓。

# 2

## 汉灵帝时期的阅兵式

据史料记载，我国最早的阅兵发生在距今四千多年前夏朝建立的前夕。春秋时期，阅兵活动开始频繁起来。最初的阅兵是以打猎方式进行的，以后又发展为定期检阅军队或战车。阅兵的主要用意除了检查兵员装备情况外，主要还在于向百姓示威。另外，还有在战前或战斗间隙进行的不定期阅兵，称"观兵"或"观师"。这样做的目的，除了在战前鼓舞士气外，更主要的则是为了向敌方示威。还有一种特殊情况，就是汉灵帝的阅兵式了，他是为了给自己壮胆。

当时，有观察云气来预言吉凶的法术家认为，京城洛阳将有兵灾，南北两宫会发生流血事件。其实不用算命的说，都知道起义军快打到首都了。没人敢跟汉灵帝说实话，汉灵帝还想通过法术来压制，于是大批征调各地的军队，在平乐观下举行阅兵仪式。

他让人先修筑一个大坛，上面立起十二层的华盖，高达十丈；在大坛的东北修筑了一个小坛，又立起九层的华盖，高九丈。步、骑兵数万人列队，设营布阵。汉灵帝亲自出来阅兵，站在大华盖之下，大将军何进站在小华盖之下。灵帝亲自披戴甲胄，骑上有护甲的战马，自称"无上将军"，绕军阵巡视三圈后返回，将武器授予何进。灵帝问讨虏校尉盖勋说："我这样检阅大军，你觉得怎样？"盖勋回答："我听说从前圣明的君王显示恩德，不炫耀武力。如今，贼寇都在远地，陛下却在京城阅兵，不足以显示消灭敌人的决心，只表现为黩武罢了。"临时抱佛脚，光凭阅兵是不能吓退起义军的。

# 3

## 君弱臣强，没好下场

董卓带西凉兵刚到洛阳，手下只有步、骑兵三千人。他知道自己兵力单薄，不能威慑住大臣和将军们。于是想个妙计，每隔四五天，就派军队夜里悄悄出城，第二天早上，再大张旗鼓地返回，让人以为西方凉州又派来了援军，而洛阳城中没有人知道他的底细。不久，已经死掉的何进与国舅何苗的部下都投靠董卓，董卓又暗中指使丁原部下的司马、五原人吕布杀死丁原而吞并了他的部队，从此董卓兵力大增。他还暗示朝廷，以下雨不停止为理由，让皇帝罢免司空刘弘的职务，由自己接任。

董卓声势一天天壮大，朝廷已经没有人能阻止他了，董卓就召集文武百官，想废立皇帝，群臣无兵无权，只有同意。

董卓召集百官，威胁何太后下诏废黜少帝刘辩，袁隗把少帝刘辩身上佩戴的玺绶解下来，进奉给陈留王刘协。然后扶弘农王刘辩下殿，向坐在北面的刘协称臣。何太后悲伤哭泣，群臣也都悲伤，但没有一个人敢说话。君弱臣强，皇帝也身不由己。

新皇帝任命董卓为相国。允许他在参拜皇帝时不唱名，上朝不趋行，佩剑穿鞋上殿（古代礼制，臣子拜见君主要由侍臣提前喊名字；臣子见君主须"趋"，就是弯腰快步走，显得尊重，汉时期人们席地而坐，进屋要脱鞋，上殿面君也不得佩带兵器。不唱名，不趋行，佩剑穿鞋上殿，是一种臣子的特殊待遇），这下董卓算是逆天了。

# 4

## 董卓的恶事一箩筐

如果说汉末皇帝的软弱导致了天下大乱，那么董卓的残暴把天下大乱变成了暴乱。董卓祸国殃民的罪行主要概括如下。

一、淫乱后宫。大部分官女都在公元189年的宫廷政变中失踪了，但仅存的数百人，有年轻貌美者，都被董卓收纳了，当了没有名分的妻子。

二、屠戮百姓。董卓认为黄巾军起义的兵力强盛，想迁都，先派军队到阳城，正好百姓在祭祀土地神的场所集会。军队就当场把男人全部斩杀，用他们的车子，装载俘虏的妇女，回到洛阳宣称："攻击叛军，大获全胜！"然后把妇女分给士兵做奴婢或妾。

三、强取豪夺。献帝刘协西迁长安。董卓逮捕洛阳城中富豪，加以罪恶之名处死，把他们的财物没收，既图财又害命。驱赶剩下的数百万居民，向长安迁徙。命军队在后驱赶，马踏人踩，互相拥挤，加上饥饿和抢掠，百姓不断死去，沿途堆满尸体。

四、盗墓搜刮。董卓命部下纵火焚烧一切宫殿、官府及百姓住宅，二百里内，房屋尽毁，百里无人烟。又让吕布率兵挖掘历代皇帝陵寝和官员的墓地，搜罗金银财宝。董卓曾捉到一批山东兵，他命人用十余匹涂上猪油的布裹到这些山东兵的身上，然后从脚点火，将他们烧死。

五、破坏经济。董卓废除五铢钱，另铸小钱作为货币。把洛阳及长安所有的铜人、鹿头龙身铜像、雀头鹿身蛇尾铜像、铜马等都熔掉铸钱，粗制滥造的小钱不仅重量比五铢钱轻，而且没有纹章，钱的边缘也没有轮廓，不耐磨损。小钱的大量流通直接导致了严重的通货膨胀：货币贬值，物价猛涨，每石谷价高达数万钱。

董卓自己利用搜刮来的钱财，整日歌舞升平，寻欢作乐，生活荒淫，因为在当时，拳头大就是王法。

# 5

## 曹操最早是做什么的

曹操，字孟德，是沛国谯县（安徽亳州）人。东汉桓帝在位时，曹腾任中常侍大长秋，封为曹亭侯。他的养子名曹嵩，继承了他的封爵，曾官至太尉，但没有人知道他是从谁家过继来的。曹操是曹嵩的儿子，按现在的说法，算是"官二代"。

曹操小时候就机灵能干，遇事会随机应变，但爱意气用事。二十岁时，曹操被举为孝廉，做了郎官。不知道是不是曹嵩花钱为他买的官，毕竟他们有权有钱。

公元183年，发生黄巾军起义。曹操被任命为骑都尉统领羽林骑兵，讨伐颍川的起义军，后升为济南国国相。曹操为政严明，严禁过分祭祀鬼神，惩治了一批坏蛋，济南国中秩序井然，百姓安居乐业，但是也得罪了一批权贵。后来被汉灵帝任命为东郡太守，曹操没有赴任，大概是看到天下大乱，大厦将倾，不想为腐朽的朝廷卖命了吧，就以生病为由回了老家。

冀州刺史王芬、南阳人许攸、沛国人周旌等联合八方豪杰，密谋废汉灵帝，拥立合肥侯为皇帝，他们联络曹操参加，曹操知道成功不了，就拒绝了。王芬等谋反事件果然失败了。曹操这个时期是蛰伏时期，因为天下大乱，需要先看清方向再出击。

# 6

## "有奶便是娘"的刘备

公元193年，曹操在兖州站住脚后，就派人去把他在琅邪（今作"琅琊"）避难的父亲曹嵩接来。曹嵩于是收拾起全部的家当，装了一百余辆大车起程，家底很厚实啊，拉的都是金银细软，不可能是桌椅板凳。当他们途经陶谦的领地时，陶谦的士卒见财起意，习惯性地就杀人越货，杀掉了曹操的父亲曹嵩和兄弟曹德，这下可捅了马蜂窝。杀父之仇不共戴天，曹操当年秋天就起了大军来报仇。陶谦要知道曹操父亲经过，肯定盛情款待啊，但是自己的士卒犯的事，只有自己来扛，硬着头皮应战。老迈的陶谦当然不是曹操的对手，转眼之间就被夺走十几座县城。

公元194年，陶谦看到曹操实在厉害，就向公孙瓒封的青州刺史田楷求救。田楷于是命令手下的平原相刘备领兵相助。刘备自己有几千人马，到了徐州后陶谦又拨给了他四千兵卒。刘备干脆依附了陶谦。为了挽留刘备做自己的盾牌，陶谦也向朝廷推荐他为豫州刺史，并让他驻扎在小沛防止曹操的进攻。刘备兵少，实力不济，也挡不住曹操的攻势。陶谦一看，急得要离开徐州逃回丹扬。然而，就在此时，曹操后院起火，根据地兖州被吕布、张邈端了！曹操走了，陶谦经不起这一番折腾，也病倒了。临终前，陶谦告诉部下，只有刘备能够胜任。有了陶谦的遗嘱，有了糜竺、陈登、孔融等人的支持，刘备推辞一番后，掌管了徐州，算是有了自己的一块地盘。

# 7

## 汉献帝的舍饭和讨饭

公元 194 年从四月到七月，一直没有降雨，谷价一斛（相当于现在 27 斤）值五十万钱（东汉明帝时期一斛两千钱，东汉安帝时期一斛一万钱），可见通货膨胀得很厉害。因为饥荒，长安城中的百姓出现人吃人的现象。献帝命令侍御史侯汶取出太仓中储存的米、豆为贫民熬粥，进行赈灾。可是饿死的人仍像过去一样多。献帝怀疑有人从中作弊，便命令用米、豆各五升，在自己面前熬粥。贫民因为汉献帝的慈悲，很多人得以保全性命。

公元 195 年，因为董卓死后，董卓手下大将叛乱，李傕、郭汜相互攻击，一连几个月，死者数以万计。李傕劫持汉献帝，郭汜劫持大臣们，双方对峙，献帝派人劝解也不听。李傕把献帝迁移到北坞，派士兵把守，不让随意出入，献帝左右的侍臣吃不饱也吃不好，献帝派人向李傕要求供应五斗米、五具牛骨，以赐给左右。李傕说："早、晚两次送饭，要米干什么用？"于是把已发臭的牛骨头送去，献帝大怒，想要责问李傕。侍中杨琦劝皇帝忍耐，献帝只能摆摆发脾气的样子，即使真的发怒，也没人理会啊！身逢乱世，皇帝也不值钱喽！

绣像本《三国演义》中汉献帝形象

# 8

## 名副其实的傀儡皇帝

曹操在许县，计划迎接献帝。公元196年，曹操派遣曹洪率兵向西，到洛阳迎接献帝。献帝迁都于许县，改称许县为许都。献帝抵达曹操军营，任命曹操为大将军，封武平侯。

汉献帝自从建都许昌以来，仅仅能够保住自己的皇帝地位而已，左右随从侍卫无一不是曹操的人，吃穿是不愁了，但是成了傀儡了，先前还能摆摆皇帝的架子，如今只有听从曹操的份儿了。

后来，曹操有事进殿见献帝，汉献帝无法控制恐惧，对曹操说："您若能辅佐我，就宽厚些；否则，就抛弃我。"曹操大惊失色，应付几句就告辞。汉朝旧制规定：领兵的三公在朝见皇帝时，都要由虎贲武士持刀挟持。曹操出殿后，看了看旁边，汗流浃背，从此不再朝见献帝，他也怕被献帝密谋杀害。

董承的女儿是献帝的贵人，曹操杀掉董承以后，要求把他的女儿董贵人也杀死。汉献帝以贵人有身孕为由，多次向曹操求情，曹操都不同意。伏皇后因此而心怀恐惧，写信给父亲伏完，谈了曹操逼迫皇帝的凶恶行为。后来事情泄露，曹操知道后非常愤怒，派御史大夫郗虑收缴了皇后的印玺绶带，派尚书令华歆率兵入宫逮捕伏皇后。皇后藏在夹墙里，华歆砸开墙壁，

曹操迎接汉献帝（河南许昌曹操博物馆）

把皇后拖了出去。汉献帝当时在外殿，皇后披头散发，光着双脚，边走边哭，经过献帝面前诀别道："不能再救我一命吗？"献帝悲伤泄气地说："我也不知道自己能活到几时！"就这样把皇后关在宫中的监狱里，幽禁而死。她生的两个皇子，也被用毒酒杀死了，她的兄弟以及宗族亲属被害者有一百余人。

皇帝梦人人想做，但是皇帝也不是那么好当的，汉献帝就没有过几天安生日子，这样的皇帝，只是徒有虚名罢了。

# 9

## 曹操的心路历程

公元 210 年，东汉朝廷要增封曹操三个县加以封赏，并有劝其交出兵权告老还乡之意。意思是要让曹操安享晚年，把军权交还给朝廷。不过五十六岁的曹操丝毫没有退位的想法，他推辞了这额外的封地，并在一次命令中做出了暗示：

"我最初被推荐为孝廉时，就知道自己做不成隐士了，也怕被人看作平庸无能的人，就一心为公，推行教化，为民请命。我在济南国任国相时，铲除恶势力，选拔人才，后来受到当地豪强的忌恨，我恐怕给家中招来灾祸，就借口有病，回家隐居。修建书房，没事读读书、打打猎，过一些年，等天下安定以后，再出来做官。但天不遂人愿，被朝廷征召为典军校尉，既然当了兵，我就立定主意为国家讨贼立功，希望死后能使墓碑上题写'汉朝故征西将军曹侯之墓'，这就是我的志愿。而后遇到董卓之乱，我兴起义兵。以后，我任兖州牧，击败黄巾军，迫使三十万黄巾军投降；又讨伐袁术，使他走投无路，穷困而死；击败袁绍，将他的两个儿子斩首示众；再消灭刘表，于是平定天下。

我身为宰相，位极人臣，也已超出了我的愿望。假设国家没有我，不知会几个人称帝，几个人称王？有些人看到我势力强大，就私下猜测，说我有篡位的野心，想到这些，我心中就感到不安。所以，向你们述说这些话，这是我的肺腑之言。然而，想要我就这样放弃所统领的军队，交还给主管部门，回到我的封地武平侯国，实在是不可能的。为什么呢？我害怕自己一离开军队就会被人谋害，既为我的子孙打算，又为国家打算，因为我一死国家就会危亡，所以，我不能追求让贤的虚名，而使国家遭受实际的灾祸……"

其实曹操这番话也是实情，如果没有曹操，估计汉献帝早就于乱世中死掉了，从某方面来说，曹操拯救了汉朝一下，使汉朝这艘船沉得晚了一些。

# 10

## 为何要封大臣"九锡"

汉武帝议论过"九锡"之礼，后来曹操接受过汉献帝所赐予的"九锡"。锡，在古代通"赐"字。九种特赐用物分别是：车马、衣服、乐、朱户、纳陛、虎贲、斧钺、弓矢、秬鬯。为什么要赏赐这些呢？而不是赏赐宝剑、金银珠宝、绸缎类的呢？我们通过皇帝的诏书可以知晓答案。

公元213年五月初十，汉献帝派御史大夫郗虑拿着皇帝的符节到邺城，册封曹公为魏公，在策文中，真真假假吧，反正汉献帝所说的也是实情，策文说："因我无德，小时就遭忧患和灾难，被劫持到长安，……我早起晚睡，不敢安息，内心痛苦异常，祷告说：'我的祖宗啊，有才能的先臣们，谁能怜悯我呢？'于是感动了上天，诞生了曹丞相，保护我们皇室平安，在艰难之中把我拯救出来，使我有了依仗。如今要举行授您魏公的典礼，请您敬听我的命令。

……

"因为您制定礼制法律，给百姓规定行为规范，使他们安分过日子，遵守纪律，没有人怀有二心，所以赐给您金辂车、战车各一辆，黑红色的公马八匹；

"因您教导百姓们互相周济，使农民努力耕织，积蓄了大量的粮食和布帛，国家兴旺发达，所以赏给您绣龙的礼服和礼帽，配上一双红色的鞋子；

"因您推崇谦虚礼让的美德，使百姓们效仿实行，老少之间互相礼让，上下之间彼此和睦，所以赏给您三面悬挂的乐器，用六队三十六人的舞蹈；

"因您以教令感化百姓，远达四方，使边远民族都洗心革面，中原地区更加富有，所以赐给您红门的房子；

"因您研究先王的智慧，选择官员只看其有无才德，优秀人才都被举荐，所以赐给您上殿登阶的权利；

"因您执掌国家大权，为政庄严，不偏不倚，对待有点恶行的人，也要加以斥责和黜退，所以赐给您三百名勇士；

"因您小心谨慎地督察刑罚，严惩罪犯，执法必严，违法必究，所以赐给您斧、钺各一件；

"因您高瞻远瞩，征讨乱臣贼子，捍卫四海平安，所以赐给您红色的弓一张，红色的箭一百支，黑色的弓十张，黑色的箭一千支；

"因您以温良恭俭为根本，以孝顺双亲、友爱兄弟为美德，聪明、守信、忠诚，所以赏给你美酒一卣，还配玉制的钩子一把。

"魏国可以设置丞相以下的百官，都像西汉初年各诸侯王的建制一样。望您到魏国后，恭敬地服从我的命令，选拔、安抚您的部下，明察政事，完成功德，弘扬汉高祖宏伟的事业！"

由此看来，"九锡"就是一种形式，给某人以完美的评价，然后赏赐象征性的物品，都是过场。

历史上的"九锡"，王莽、曹操、司马昭都接受过；后来宋、齐、梁、陈四朝的开国皇帝都曾受过"九锡"。后来，"九锡"就成了篡逆的代名词。

# 11

# 曹操为何不敢逆天

孙权上书向曹操称臣，劝魏王曹操顺应天命，即位称帝。曹操把孙权的信给大家看，说："是儿欲踞吾著炉火上邪（这小子要把我放在炉火上烤吗）！"侍中陈群等人都劝曹操应该正式登基称帝，曹操说："如果上天要我做皇帝，我还是当周文王吧。"意思是辅佐皇帝，无意当皇帝。

关于曹操为何不敢登基称皇帝，后世有很多说法，这里沿用宋朝司马光的说法，他认为是教化的原因，司马光解释说：教化，是国家的紧要任务，而俗吏却不加重视；风俗，是天下的大事，而庸君却对此疏忽。只有明智的君子，经过深思熟虑，然后才知道它们的益处之大、功效之深远。

司马光举例说明了汉光武、明帝、章帝等都遵循先辈的遗志，选用熟悉儒家经典、品行端正的人，就是一般的武士也都学习《孝经》，因此，好的风俗得以张扬。忠诚、厚道、有品德有修养的人，不仅受到高官的尊重，也为百姓所仰慕；卑鄙、无耻、下流之徒，官员摒弃，百姓也厌恶。

天下大乱，东汉朝廷仍然能够延续，不致灭亡，原因在于政治虽然污浊，而风俗却不衰败，道德之士被诛杀，但是

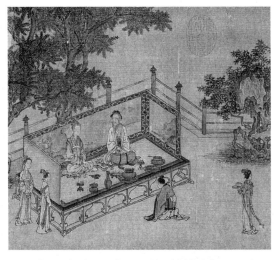

宋代《孝经》（局部）台北故宫博物院藏

自有后来人，忠义志士层出不穷，视死如归。……以魏武帝曹操的粗暴强横，加上对天下建立的大功，他蓄谋取代君王的野心已经很久了。但是，直至去世，他都不敢废掉汉朝皇帝，自己取而代之，难道他没有做皇帝的欲望？只是畏惧名义不顺而克制自己罢了。由此看来，教化怎么可以轻视，风俗又怎么可以忽略！

宋朝谢涛有首《梦中吟史》：百年奇特几张纸，千古英雄一窖尘。唯有炳然周孔教，至今仁义洽生民。

司马光的主要意思是曹操受教化多，不敢违背人心，但是不能忽视了孔子儒教的影响，儒教提倡上下有别，提倡君君臣臣，这些理念大概就是曹操不敢逆天的原因吧！

# 12

## 献帝是曹操女婿，曹丕是献帝女婿

公元213年，汉献帝聘娶了曹操的三个女儿，封她们为贵人，其中年纪最小的暂时留在魏国，等长大后再进宫。这样，献帝就成了曹操的女婿，按道理说，和曹丕该称兄论弟了。公元215年正月，汉献帝把曹操的二女儿立为皇后。

公元220年十月十三日，汉献帝让位给魏王曹丕。曹丕三次上书推辞，然后在繁阳筑起高坛，二十九日，登坛受皇帝玺绶，即皇帝位。十一月初一，曹丕尊奉汉献帝刘协为山阳公，成为山阳公的汉献帝奉献自己的两个女儿给魏曹丕做妃子，这样，曹丕又成了汉献帝的女婿，辈分完全乱了，反正也没血缘关系，都是政治婚姻，只是苦了双方的女儿了！

# 13

## 刘备的皇帝梦很短暂

公元 221 年，蜀地传言汉献帝已经遇害，于是，汉中王刘备下令披麻戴孝，为汉献帝举行丧礼。天下没了皇帝，这时群臣纷纷上书，说有很多吉祥之兆，请求刘备即位称帝。刘备满心欢喜，终于熬到这一天了。但是有个小插曲，前部司马费诗上书说："您因为曹操父子逼迫皇帝，才扯起大旗，召集士卒，领兵讨伐。如今大敌尚未击败，您却先自称皇帝，恐怕人们会对您的行为产生疑惑啊……"刘备看到有人泼凉水，非常不高兴，将费诗降职为州部永昌从事，自己准备当皇帝的事宜。四月初六，汉中王刘备在成都登基称帝，改年号为章武。

不过，刘备的皇帝位子没坐热乎，就患了大病。两年后，公元 223 年，刘备病重，命令丞相诸葛亮辅佐太子刘禅，以尚书令李严做诸葛亮的副手。刘备教育太子刘禅："人活五十而死不能称为夭折，我已经活了六十多岁，还有什么遗憾，只是牵挂你们兄弟。勉之，勉之！勿以恶小而为之，勿以善小而不为！（要努力，再努力啊！不要因坏事很小就去做，也不要因为好事很小就不去做！）只有贤明和德行，才会使人折服。父亲德行浅薄，不值得你们效法。你与丞相共同处理政务，对待他要像父亲一样。"四月，刘备病逝于永安。刘备虽然做皇帝时间不长，留给儿子的那句话却流传至今，可惜他的儿子没有听从他的，做了亡国之君。

# 14

## 为什么皇帝那么早修陵墓

我们看史书，会注意到，很多人一当上皇帝就可以修建自己的陵墓，唯恐自己死后没地方掩埋，他们就不忌讳这种事吗？他们不是都希望自己长生不老吗？为什么那么早地修建陵墓呢？我们看看史书里的解释。

公元 222 年十月初三，曹丕选定首阳山东侧为寿陵，曹丕发布关于丧葬的规定。

唐代画家阎立本《历代帝王图》刘备画像

按礼制，国君登基以后，就应该制作内棺，以示活着的时候不忘记死亡。……我不采用聚土造坟、植树为记的做法，因为它不是上古之制。寿陵与山成为一体，没有必要造坟植树，也不要建立寝殿，修筑园邑，修设神道。

葬，就是藏，就是想让别人看不见。我所以在这不长庄稼的地方建造陵墓，是为了使后代人找不到我葬的地方。不要放防腐的灰炭，也不要把金、银、铜、铁等作为陪葬品，全部用陶器，这样才合乎古代殉葬用涂彩的泥车、茅草扎成的人马的规定。只需棺木漆刷三遍，口中不必含有珠玉，也不用穿着珍珠做的服装，放在玉制的匣子中，因为这些都是不明智之人做的事……"

皇帝那么早修陵墓原来是警示自己：活着的时候不忘记死亡。不过，曹丕的不同意厚葬，倒是很明智。因为后世很多帝王的坟墓被挖掘，都是因为里面陪葬的好东西太多了。

# 15

## 用人不疑的魏明帝

公元238年正月，魏明帝曹叡从长安召回司马懿，命他率军四万人讨伐辽东。参与谋议的大臣都以为出动四万兵马过多，军费开支及后勤粮草都难以维持。

明帝坚持说："漫长四千里的军事征伐，虽说可以出其不意、以奇制胜，但毕竟还是要以强大的军事实力为后盾。如此大规模的战事出兵四万并不为多，不应过于计较军费开支的多少。"于是仍以四万大军出征辽东。

司马懿说："公孙渊放弃守城先行逃走，是上策；据守辽东抗拒大军，是中策；如死守襄平，必被生擒。"明帝说："那么，三者中他将采用哪一种？"司马懿回答说："只有明智的人，才能审慎度量敌我双方的力量，才会预先有所舍弃。这既不是公孙渊的才智所能达到的，他又会认为我军是孤军远征，不能支持长久，一定是先在辽水抗拒，然后退守襄平。"明帝说："往返需多少天？"回答说："进军一百天，攻战一百天，返回一百天，以六十天作为休息日，这样的话，一年足够了。"

待司马懿率师抵达辽东后，又赶上大雨连绵，无法展开对公孙渊的攻势。朝中群臣又议论说魏军不一定能最后打败公孙渊，应该传令让司马懿退兵。

明帝不为这些议论所动，告诫群臣说："司马太尉统兵善于随机应变，有勇有谋，我相信用不了多久我一定能够活捉公孙渊。"后来果真如此。魏明帝曹叡不仅懂兵法，知人善任，还能诗文，善乐府，与其祖父曹操、父曹丕并称魏之"三祖"，算是一个有作为的皇帝。

# 16

## 谁掌握实权谁说了算

公元254年，魏帝曹芳不甘心做傀儡皇帝，对司马师、司马昭兄弟很愤慨。九月，司马昭领兵来觐见曹芳，曹芳到平乐观检阅他的军队。左右亲信借司马昭觐见辞行的机会杀掉他，然后再领兵击退大将军司马师；在此之前已经写好诏书，但曹芳害怕，没有行动，错过一次很好的机会。

司马昭领兵入城，大将军司马师就阴谋废掉魏帝曹芳。司马师假传皇太后的命令召集群臣开会议论，以魏帝荒淫无度宠幸亲近歌舞艺人为理由，认为他不能再承担帝王的重任了。群臣都不敢反对，欲加之罪，何患无辞，不管真假，皇帝算是要被拿下了。

司马师准备没收魏帝曹芳的玉玺，贬为齐王。又让郭芝入宫告诉太后。

太后正在与魏帝曹芳对坐闲谈，郭芝就对曹芳说："大将军想要废掉陛下，立彭城王曹据为帝！"曹芳站起来就走了。太后不高兴，想不同意，郭芝劝说："太后有儿子却不能教育，现在大将军主意已定，

北宋苏汉臣《偎童傀儡图》（局部）

又领兵在外以防备非常事变，只能顺着他的旨意，还有什么可说的！"太后无奈，就让身边的侍从官取来玉玺。郭芝出来报告司马师，司马师很高兴。又派使者把齐王之印授给魏帝曹芳，让他出来住在西宫。魏帝曹芳与太后垂泪而别，然后乘坐亲王规格的车子出宫，群臣出来送别的有数十人，都挥泪相送。没有实权的皇帝就是一个傀儡，谁掌握实权谁说了算。

# 17

## 吴王孙亮和老鼠屎的故事

公元 257 年四月，14 岁的吴王孙亮要生吃酸梅，让黄门（秦汉时，宫门皆黄色，故号黄门。称呼中有黄门二字，就是在宫中办事的意思，多为宦官之职所用，比如小黄门，即为皇帝的近侍宦官，而黄门令，就是宦官头目）到库里去取蜂蜜，没想到蜜中有鼠屎。孙亮很生气，就召来守库官询问，守库官叩头谢罪。孙亮说："黄门从你那儿要过蜂蜜吗？"守库官说："以前曾要过，我没敢给他。"孙亮一听，心中有数了，就让人破开鼠屎，屎中是干燥的，于是他大笑着对左右说："如果鼠屎事先就在蜜中，那么里外都应是湿的，现在外面湿而里面干燥，这必定是黄门放进去的。"诘问黄门，他果然服了罪。

孙亮年纪不大，但很聪敏，不过大权旁落，一年后就被废了，也算是壮志未酬吧。

# 18

## 胳膊拧不过大腿

公元258年五月，魏帝曹髦下令给司马昭加赐"九锡"，司马昭假装拒绝了。公元260年四月，魏帝曹髦再次晋升大将军司马昭为相国，封为晋公，加赐"九锡"。其实这两次都不是皇帝本意，但是时势所迫，皇帝也没辙。

魏帝见自己的权力日渐削弱，感到愤怒和惶恐。五月初七，召见侍中王沈、尚书王经、散骑常侍王业，对他们说："司马昭之心，路人所知也（司马昭的野心，连路上的行人都知道）。我不能坐等被废黜的耻辱，今日我将亲自与你们一起出去讨伐他。"王经劝说："如今大权掌握在司马昭之手已经很久了，朝廷内外都听从他的，也不是一两天了。现在官中兵力十分弱小，陛下凭借什么？而您一旦这样做，恐怕后果不堪设想。"魏帝实在不堪忍受了，说："纵使死了又有什么可怕的，何况不一定会死呢！"

魏帝曹髦拔出剑登辇，率领殿中宿卫和奴仆们呼喊着出了宫。其实这就是一群乌合之众，根本抵抗不了司马昭的精锐之师。中护军贾充带兵从外而入，迎面挡住魏帝，魏帝亲自用剑拼杀。众人想要退却，因为谁也不愿承担打杀皇帝的罪名。太子舍人成济问贾充说："事情紧急了，你说怎么办？"贾充说："司马公养你们这些人，正是为了今日。事到临头，没什么可问的！"于是成济立即抽出长戈冲向魏帝，魏帝曹髦根本没还手之力，就被刺杀于车下。

魏帝曹髦即使死了，也不得安生，在司马昭的授意下，太后只好下令，列举魏帝曹髦的罪状，把他废为庶人，以百姓的丧礼安葬。不过值得安慰的是，司马昭将成济兄弟诛灭全族，算是名义上为魏帝曹髦报了仇。

# 19

## 魏国灭亡历程表

公元 260 年六月初四，被司马昭扶上位的新皇帝曹奂拜大将军司马昭为相国，封晋公，食邑增加两个郡，总共达十个郡，并加"九锡"之礼。司马昭辞谢。

公元 263 年二月，皇帝下诏封大将军司马昭为相国，并赐"九锡"，一如前诏。司马昭固辞不受。

公元 264 年三月十九日，加封大将军、晋公司马昭为晋王，增加食邑十郡，连同以前的达二十郡。九月初一，任命中抚军司马昭之子司马炎为抚军大将军。

公元 265 年五月，皇帝下诏，特许晋王戴只有皇帝戴的前后有十二根玉串的冠冕，使用天子的旗帜，出入有御林军沿途警卫并禁止路人通行，乘坐皇帝专用的六匹马拉的车，后面跟随配以青、白、红、黑、黄五种颜色的五辆从车。又特许晋王出行时有羽林骑兵开道，宫殿中设置悬挂钟磬的木架，可以演奏皇宫中的八佾乐舞。

八月初九，晋王、相国司马昭死去。十日，晋太子司马炎继承王位，统领百官，独揽朝政。十一月十二日，二十岁的魏元帝把皇位禅让给晋王。十五日，晋武帝派人给前魏元帝曹奂送去文书，把他迁

出土的汉代琴俑

置到金墉城居住，后来，又改住邺城，最终他病死在那里。

当初汉献帝禅位给曹氏皇帝，如今，曹氏皇帝禅位给晋朝皇帝——历史是何其的相似啊！

# 20

## 两次受辱不如一次受辱

公元263年，邓艾率领魏兵突然打到成都，百姓们惊恐万状，都逃往深山老林。汉后主刘禅召集群臣讨论，有人认为蜀与吴本来是友好邻邦，应该投奔到吴国；有人认为南中七郡，山势陡峭险峻，容易防守，应该奔向南面。光禄大夫谯周很明智，劝说刘禅："自古以来，没有寄居别国仍为天子的，如果到吴国去，也当臣服于吴。而且治国之道从来就没有什么不同，大国吞并小国，这是形势发展的自然趋势。从这点上说，魏国能吞并吴国，而吴国不能吞并魏国，这是很明显的事。同样是称臣，对小国称臣就不如对大国称臣，与其忍受两次受辱之耻不如一次受辱！……"谯周的建议是马上投降。

汉后主刘禅也是走投无路，只好派侍中张绍等人捧着玉玺向邓艾投降，邓艾大喜，写信褒扬接纳投降。汉后主刘禅又派遣太仆蒋显去命令姜维向钟会投降，又派尚书郎李虎把士民户口簿交给邓艾，共计有二十八万户，九十四万人，兵士十万二千人，官吏四万人。

在这里说一下魏、蜀、吴的人口情况，魏国灭亡时人口大约450万人，兵力40万—45万人；吴国灭亡时人口大约245万人，兵力20万—25万人；蜀国灭亡时人口94万人，兵力大约10万人。蜀国人口不过百万人，能养起10万人的军队已经很不容易了。

# 21

## 孙皓是只披着羊皮的狼

公元 263 年，吴王孙休去世。当时蜀国刚刚灭亡，吴国全国人都震惊害怕，十分希望有一位年纪较长的英明君主。濮阳兴、张布劝说孙休的妃子太后朱氏，想由孙皓来继承皇位。朱太后说："我乃寡妇之人，哪里考虑到社稷大事，只要不使吴国灭亡，宗庙祭祀有依靠就行。"于是迎接孙皓立他为皇帝，当时孙皓二十三岁。

孙皓继位时，发优抚诏书，体恤士民百姓，打开仓库，赈济贫困之人，按条例放出宫女做那些无妻者的配偶，养在御苑中的禽兽也都放归山林。当时人们交口赞誉称之为明主。而他稳固政权之后，开始露出本性，变得粗暴骄横，沉湎酒色，全国百姓官员都大失所望，濮阳兴、张布也暗自后悔不迭。有人向孙皓诬陷濮阳兴和张布，十一月初一，濮阳兴和张布入朝，孙皓把他们抓起来，流放广州，结果在半路上就把他们杀了，又诛灭了他们的三族。

公元 265 年七月，孙皓逼杀孙休皇后朱氏，说是死于疾病，大家都知道怎么回事，但是没人敢指明真相。孙皓又将孙休的四个儿子遣送到吴郡的小城，随后又追杀了两个大的。

孙皓还爱喝酒，每次设筵宴请群臣，没有一次不强令他们全都喝醉。孙皓设置黄门郎十人，特地不给他们酒喝，让他们整天侍立，专门作为检查醉酒过失的官员。宴会结束后，让每位官员都奏上大臣们的过失，眼神不敬者、言语不尊者，没有一个不受到检举。大的过失立即施加严刑，小的过失即被记为罪过。

后宫已有美女数千人，而孙皓还不断地选拔民间女子入宫，又引河水入宫院内，遇有不合意的宫女，即将其杀死并让尸体顺流漂走。或者剥去人的面皮，或者挖去人的双眼。

上下离心，没有人为孙皓尽力，公元 280 年晋军攻打东吴，吴军毫无抵抗之力，也不愿意抵抗。吴国灭亡，孙皓本人也成了晋武帝的俘虏。

　　《说文解字》曰："官，吏事君也。"做官首先是为皇帝服务的，于是曲意迎奉、媚事君上就成为官场秘诀，皇帝们也并不冀望于朝廷上下满是清官好官。尤其是昏庸皇帝，更不希望诤臣太多，那样自己也就没了自由。

　　官场是一座神秘的殿堂。综观历史，身处官场是非之地，不受官场利益诱惑并能在非此即彼的权力斗争中不受干扰而独善其身的政治家，真是少之又少。古人十年寒窗，受的都是"治国齐家平天下"的教育，一朝为官，正好实践"达则兼济天下"的圣人教诲，为民做主、实干报国。但是官场好比一张网，牵一发而动全身，各方面的关系都得时刻注意平衡好。要做个好官，比做个坏官难得多，三国时期也有很多正直的、为民做事的好官。"当官不为民做主，不如回家卖红薯"——他们深刻地诠释了这句话。

# 1

## 宁要国法，不要儿子

公元 179 年，太尉桥玄（古时姓氏"乔"写作"桥"，故《后汉书》中所记为"桥玄"）被罢免，朝廷任命他为太中大夫。后世盛传东汉末年的江东美女大乔、小乔为汉太尉乔玄之女，实为误传。按《三国志》的记载，孙策、周瑜分别纳大乔、小乔是在攻破皖城之后，是公元 199 年的事。而乔玄公元 183 年就已去世，死时已有七十五岁，从年龄上来看，也不可能是大乔、小乔之父。

本书说的是桥玄另外一个故事。

一天，桥玄最小的儿子在门口游玩，被三个匪徒劫持到一座楼上，当作人质，要求金银珠宝做赎金。司隶校尉、河南尹等派人将桥玄的家宅包围守住，怕伤了孩子，不敢向前进逼。桥玄瞪着眼大声呼喊说："奸人犯了罪，我岂能因一个儿子的性命，而让国贼得逞吗？"于是催促他们迅速进攻，司隶校尉、河南尹等赶紧进攻，杀死贼人，但是桥玄的儿子也被杀害。桥玄因而向朝廷上书说："天下凡是有劫持人质勒索财物的，都应该同时诛杀，不准许用钱财宝物赎回人质，为奸邪开路。"从此，劫持人质的事件绝迹，因为盗贼也怕被一同杀掉。

桥玄为了国家法度，不惜牺牲儿子性命，因为法不容情。

清康熙时期大乔小乔五彩盘

# 2

## 要顺从百姓的心意

公元 198 年，袁涣归附曹操。袁涣向曹操献言："兵，属于凶器，要到不得已的时候才使用它，要以道德、仁义为准绳，安抚民众，为他们除害，这样，他们才会与我们同生共死……"袁涣在为官之时，十分注重爱护百姓，他每次进言，都是从百姓角度出发。

曹操很欣赏袁涣，任袁涣为沛郡南部都尉。这时曹操刚刚招募民众开办屯田，百姓不乐意，有很多逃亡的。袁涣对曹操说："老百姓喜欢故土，不喜欢迁徙，不可仓促改变，顺遂他们心愿行事容易，违逆他们心愿的举动就困难。应顺从他们的心意，他们喜欢的才能采取，他们不想做的就不要勉强。"其实百姓喜欢的是安稳，不是动荡，不喜欢到处迁徙，也不喜欢被强迫去做一些事情。曹操听从了袁涣的建议，百姓十分高兴。

后来袁涣因病辞官，百姓思念他，因为他是一个为百姓建言，为百姓谋福利的好官。

# 3

## 危急时刻不可和愚民商议大事

黄巾军起义时，东阿县丞［县令之佐官，在县里地位一般仅次于县令（或县长），主要职责是文书、仓库等的管理］王度反叛响应，烧了仓库。县令跳墙逃走，官吏百姓纷纷向东逃奔到渠丘山。程昱派人侦察，得知王度等人只得到一座空城，不在城中据守，却在城西四五里的地方驻扎着。

程昱对县中大族薛房等人说："现在王度等人得到城郭而不据守，一看就不是成大事的人。他们不过想要抢掠财物，并没有扩大装备，训练军队，攻城坚守的志向。现在我们为什么不返回城中守城？并且城墙又高又厚，城中积存的谷米很多，现在如果回去和县令一同坚守，王度一定不能持久，那时便可以打败他。"薛房等人认为他说得对。

很多吏役百姓不肯听从，说："贼在西边，我们只有向东去。"程昱对薛房说："愚民不可和他们商议大事。"于是秘密派遣几人骑马到东山上举起幡旗，让薛房等人能望到，大喊说："贼已来了！"随即下山直奔城内，吏民一见，吓得奔走跟随，找到县令，共同守城。

王度等人来攻城，攻不下，想要离去。程昱率领吏民打开城门紧紧追击，王度等被打败逃跑。东阿县城因此得以保全。

清代郎世宁所绘战争场面

# 4

# 人有人格，官有"官格"

做人要有人格，做官要有官格。其实，官格是一个做官之人的人品人格，官格就是他的人品，是做人为官应有的气节。

公元 196 年，李通带领部众到许昌投奔曹操。曹操将汝南划分出两个县，命李通担任阳安都尉。

李通妻子的伯父犯法，朗陵县长赵俨将他关押起来，处以大辟（上古五刑分为：黥刑、劓刑、剕刑、宫刑和大辟之刑。大辟是死刑，小辟就是其他四种酷刑）。当时生杀大权掌握在州牧太守的手中，李通的妻子号哭着请他设法求情，李通说："刚刚为曹公出力，不能因私废公啊。"便奖励赵俨执法不徇私情，还与他结成好朋友。

当曹操与袁绍在官渡相持时，袁绍派使者到李通驻地，任命李通为征南将军，刘表也在暗中招诱他投顺，李通全都拒绝了。他的亲戚部属流着泪说："现在我们孤军独守，失去大兵的援助，灭亡是早晚的事，不如尽早投奔袁绍。"李通手按剑柄怒叱他们说："曹公英明智慧，一定能平定天下。袁绍虽然强大，却统率无方，最终仍要被俘虏。我拼死也不怀二心。"就杀了袁绍的使者，把送来的征南将军印绶送交曹操。

曹操官渡胜利后，认为李通做人做官都很称职，就改封李通为都亭侯，任命他为汝南郡太守。

# 5

## 不能仅凭勤俭判断官员好坏

曹公平定荆州后，征聘和洽为丞相掾属。当时毛玠、崔琰都以忠正、清廉与否作为评判人的标准，他们对于人才的选用也着重看他是否节俭，好像只要穿着破衣烂衫，吃糠咽菜就是清官，就是好官。

和洽对此有不同的看法，说："检查官员是否称职，是要职位与个人的才能大小相当，而不能以是否节约作为首要的标准。俭素过度，对于修身养性自然可以，但以此来检验评价官员的政绩，就会发生错误。如今朝廷里议论人，看到有的官员穿件新衣服，坐辆好马车，就说他不清廉；看到官员衣服破旧，仪容不整，就说他很清廉，以致士大夫们故意弄脏了衣服，把好车马、好穿戴都藏起来。朝廷的大臣们，甚至有的自己带着水壶、食物来到官属。凡事贵在中庸，不能偏离得太厉害，这样才能被人接受，如今却崇尚一切令人难堪的行为以检验高下。即使勉强为之，早晚也会令人疲惫。古代大的教化，必须顺通人情，大凡过激过异的行为，就容易隐藏着虚伪。"

和洽虽然认为以忠正、清廉与否作为评判人的标准不妥当，但是他自己为官十分清贫俭约，以致卖田宅来供应生活，这可不是装出来的，比那些假装清廉的沽名钓誉之辈强百倍。

# 6

## 要藏富于民、安抚于民

公元 197 年，赵俨二十七岁，扶老携幼去投奔曹操，曹操任命他为朗陵县长。正巧袁绍举兵南侵，派使者引诱招降豫州各郡，各郡大都表示听从他的调遣。只有阳安郡不为所动，但都尉李通又急于向老百姓征收税款。赵俨面见李通劝说催逼征收户税绵绢，恐怕会引起民怨。李通的意思很简单，说："袁绍和大将军曹操相持不下，军情紧急，左右郡县又纷纷背叛。假如我们再不征收户税绵绢运往朝廷，那些爱探听消息的人一定会说我们是见风使舵，别有企图。"

赵俨深知这样不对，就劝说："你考虑得对，但是当权衡利弊，暂缓征税，我帮您解决这个难题。"于是就给荀彧去信说："现在阳安郡应该把征收的绵绢送往朝廷，但是道艰路险，一是不容易送到；二是眼下百姓穷困，周围邻近的郡县一同反叛，我们阳安郡也面临动荡，这可是安危存亡的紧要关头。况且本郡百姓都深明大义，虽处险境依然不生二心，此时不应该再加重税负。善于治理国家的人，一定要藏富于民、安抚于民。我们觉得朝廷应该怜惜抚慰本郡的百姓，将已经收的绵绢全部退还给他们。"

荀彧一见，知道事情紧急，也怕逼反了百姓，马上回书说："我即刻将此事上报曹公，公文下发你郡。将绵绢全数退还百姓。"阳安郡的吏民听到这个消息，上上下下，欢天喜地，人心安定。要不是赵俨高瞻远瞩，这个郡县的百姓也会起乱子的。

# 7

## 社会风俗需要整治

公元 205 年正月，曹操平定了冀州。因为刚占领新地方，首先要做的就是安抚百姓，移风易俗，曹操就颁布命令："凡是与袁氏一同做过坏事的人，允许他们改过自新。"又命令百姓们不得再报私仇，禁止铺张浪费办丧事，违法的人一概依法惩处。

九月，曹操又颁布命令："结党营私，互相勾结，是古代圣贤们所不齿的事情。听说冀州一带，父子各立宗派，或相互诽谤，或胡乱吹捧。从前直不疑连哥哥都没有，却有很多人诽谤他与嫂子通奸；第五伯鱼娶了三位夫人，三个夫人都无父，却有人诬蔑他殴打自己岳丈；王凤专权，把持朝政，谷永却将他与贤相申伯相提并论；王商忠正不阿，张匡却诋毁他搞歪门邪道。这些都是颠倒黑白，欺骗上天，蒙蔽君王的事情。我将整治社会风俗，上面列举的四项陋习不革除，是我终生的耻辱。"

社会陋习不是风俗民情，不需要继承发扬，需要改正和制约，如果不加以制约，陋习也可能成为一种传播性极强的恶之花，挤占文明和进步的生长，制约生产力的发展，不仅古代如此，如今也是一样。比如，很多地方白事红事大操大办，大仙大神沉渣泛起，这些风俗都需要加以整治，不能任其自由发展。

# 8

# 分化敌人，各个击破

公元 206 年，曹操派陈郡人梁习以别部司马的职务，兼任并州刺史。

当时正是高干作乱骚扰之后，南匈奴部落就在并州界内，飞扬跋扈、仗势欺人，并州的官吏百姓纷纷反叛逃亡，加入匈奴部落。州中的豪强聚积壮丁，也不时地骚扰迫害老百姓，各种势力互相不服，互相攻击。可以说梁习面对的是一个烂摊子，对于这样的局面，没有真本事，还真干不好这个差事。

梁习到任以后，采用分化敌人，各个击破的方针策略，先对于那些豪强大户都很礼貌地对待，还稍稍加以推荐，让他们到幕府中去任职。豪强大户都得到安置以后，紧接着发动壮丁前去参军，大军出征，很多壮丁都安置走了。做官的和当兵的都离去以后，梁习又让他们的家属做适当的迁徙，剩下的人无力反抗，前后送往邺县的共有好几万人。对那些不执行命令的，梁习派兵前去讨伐，杀死了一千多人，于是上万人投降归顺。

通过这三部曲，梁习很快就把局面稳定下来。这时南匈奴的单于恭恭敬敬地服从了梁习，各部落的酋长也俯首听命，部民都听从梁习的驱使，同入籍的百姓一样。

边境得到安定，百姓安居乐业，梁习还不断鼓励农民发展农桑，百姓都庆幸遇到了好官。州中的父老称颂梁习的事迹，认为从来没有任何一个刺史能赶得上梁习。

曹操也对梁习予以嘉奖，赐给他关内侯的爵位，并实授他刺史的官品。

# 9

# 让百姓休养生息

杜畿治理河东郡，推崇宽松的政策，让百姓休养生息。

有人曾经打官司，互相争讼，杜畿亲自为双方陈说大义，让他们回去认真思索，如果还有什么要申诉的，再来太守府找他。很多乡亲都生气地责备自己一方的诉讼人："有这么好的太守，你们为什么不听他的教诲？"从那以后，很少再有打官司的了。百姓都是知道好歹的。郡中下属各县，推举出孝子、贞妇、顺孙，杜畿都免除这一家的徭役，并随时去慰问勉励他们，这样孝子贤孙就更多了。百姓勤劳地耕作，家家户户丰衣足食。

杜畿明白，百姓富足了，就要开始变得奢侈，所以需要引导和教育，于是便在冬天农闲时锻炼壮丁，讲习武艺。又开设学宫，杜畿亲自讲授儒家的经典，郡中风气也因而有所变化。人们没有因为富足而变得奢侈起来。

曹操西征韩遂、马超，与敌人打仗，军粮完全依赖河东郡供给。等到敌人被打败，郡中储备的粮食还剩二十多万斛。兵马未动粮草先行，没有粮草，军队怎么打仗啊，可见杜畿功劳不小。曹操下令给

宋代画家李公麟《五马图》（局部）

杜畿俸禄增加到二千石。

后来，曹操征伐汉中，调遣河东郡的五千民夫担任运输工作。这些人自动地互相勉励："人总免不了一死，可不能辜负了我们太守。"始终没有一个人逃跑，杜畿就是这样得人心。在古代封建社会来说，能赢得百姓这么认可的好官真是不多见啊！

# 10

## 发动百姓对付盗贼

东汉末年，天下大乱，百姓生活更苦了，苦到什么程度呢？百姓都不考虑生育，那些已经生育了，但觉得养不活的，就一概都不哺育了，让孩子自生自灭。要是天下安定，百姓生活富足，人们不会这么狠心的。

曹操任命郑浑担任下蔡县长、邵陵县令。郑浑每到一地任职，就没收当地人的渔猎工具，督责他们种地养蚕，又连带开辟稻田，加重对弃婴罪的处罚。开始百姓怕犯法，后来生活好转，吃穿都有些富余，就再没有不育婴儿的了。生下来的男女，很多都取郑字为名。

公元212年，梁兴等人掳掠了五千多户人家，强迫他们一同烧杀抢掠，周围各县无力抵抗，百姓都很恐惧，县令都考虑把自己的官署转移到郡城。郑浑说："梁兴的势力都是些散兵游勇，虽有很多同伙，但都是被迫的。占据险地，只求防守，那是向敌人示弱。"于是便集聚官吏民众修筑城郭，做好防御的准备。接着发动民众，追逐贼寇，明确赏罚的制度，承诺把他们缴获的十分之七赏给他们。重赏之下必有勇夫，百姓的力量是无穷的，见到有利可图，百姓就都去捕捉贼寇，多得妇女、财物，结果贼寇中失去妻子的，都回来请求投降。郑浑责令他们去捉获同伙的妇女，然后还给他妻子。这样一来敌寇内部互相抢夺，梁兴也控制不住局面。

郑浑又派有威信的官吏平民分头到山谷中宣告劝说，跑出来投降的络绎不绝。于是郑浑让各县的官吏都回到原来管辖的地方安抚聚集投诚的敌众。曹操派夏侯渊协助郑浑，郑浑带领民众杀死梁兴及其党羽。山贼被扫平后，人民安居乐业，百姓才算过上了安稳日子，郑浑因为治理有功，转任上党郡太守。

# 11

## 做官就要有官样子

曹操派曹洪抗击马超，曹洪一举击退马超的进犯，自己也很得意，在家大摆酒宴，在宴席前让歌女穿着很薄的衣服踏鼓，在场的人边喝酒边欣赏，这大概就是三国时期有权势的人的"娱乐方式"吧。这时候杨阜严厉斥责曹洪说："男女有别，这是国家的大节，怎么能在大庭广众之下让女人裸露形体！即使夏桀、商纣的败乱，也不及如此。"于是愤然辞出。曹洪也感到过分了，就马上下令女伎停演，又请杨阜还座，在场的人对杨阜无不肃然起敬。

做官就得有个官样子，要做出官的威严，要严格要求自己，在这点上，杨阜做得很好，不仅自己立身正，还教导那些做得不好的官员，这点值得所有的官员学习。

# 12

## 身在职场要低调

吴国要设置丞相一职，大家首推张昭。吴王孙权认为，丞相负责的政务繁多，而张昭性情刚烈，遇事容易发急，不适合，于是任太顾雍为丞相，平尚书事。顾雍为人沉默寡言，举止稳妥，遇事不急不躁，孙权很赞赏他。当初顾雍刚兼任尚书令的时候，被封变阳遂乡侯，回到家里，家人仍不知道他已被封侯，后来听说，都很吃惊。可见顾雍做人是多么低调。

每当有好的建议，顾雍都秘密上报，如被采纳，将功劳归于主上；如不被采纳，则始终不泄露出去。孙权为此很看重他，有事情常令中书郎到顾雍那里咨询。如果顾雍同意，觉得此事可以施行，便与中书郎反复讨论研究，并为他预备酒饭；如果不同意，顾雍便表情严肃，默然无语，什么都不预备。中书郎回去将情况报告孙权，孙权说："顾公高兴，说明此事应该办；他不发表意见，表明办法还不稳妥，孤应当反复考虑。"

你听过花开的声音吗？可是那无声无息中流散的芬芳却让人沉醉，这就是低调的力量。

# 13

## 要站好最后一班岗

刘备平定益州，兼任益州牧，张翼为书佐。后来升为梓潼太守，历任广汉郡、蜀郡太守。

公元231年，张翼秉性执法严厉，故得不到当地少数民族的欢心。当地首领刘胄叛乱，张翼出兵讨伐。尚未打败刘胄就被征召回朝，他手下的人都认为应该马上快马返回朝中请罪，张翼说："不要这样。我因少数民族起义反叛，治政不称职而被召还，然而接替我的人尚未到任，我刚身临战场，应当运积粮草，做好消灭敌人的物资准备工作，岂可因撤职的缘故而耽误国家的大事！"于是统率部队毫不松懈，接替者来到后才开始出发。在其位谋其政，做一天和尚就要撞好一天钟，这才是为官的原则。

后来马忠依靠他准备好的物资而消灭了刘胄，丞相诸葛亮听说后对张翼颇为赞扬。

# 14

## 张昭爱卖老资格

张昭是孙策的托孤重臣，一心辅佐孙权，因为是"老员工"了，有时候也爱卖一卖老资格。一次，孙权因为公孙渊派人前来称藩，就派张弥、许晏前往辽东任命公孙渊为燕王，张昭劝谏不要去，孙权与他反复争辩，但张昭更加坚持自己的观点。孙权实难忍受，拿刀在手愤怒地说：“吴国的官员士人进宫则向我拜谒，出宫则向您致礼。孤对您的敬重，也算到了顶点，而您却屡次在大庭广众之下反驳我，我真担心自己控制不住自己的火气。”张昭一听，注视着孙权说：“我知道自己的话不会被采用，但是因为太后临终之时，将老臣叫到床前，把您托付给我的话语总在我的耳边啊！”说着痛哭流涕。孙权听了，也把刀扔在地上，与张昭相对而泣。然而孙权最终还是派张弥、许晏去了辽东。张昭愤恨自己的忠言未被采纳，就声称有病不再上朝。孙权对此很恼恨，用土堵住张昭家的大门，张昭索性又在里面用土把门封死。

公孙渊果然杀害了张弥、许晏。孙权知道自己错了，就多次派人慰问张昭并赔不是，张昭坚决不起床，誓将老资格卖到底。

孙权也想了个办法，就放火烧他家的大门，想以此把他吓出来，而张昭反而又把内室的门窗关严。孙权让人熄灭了火，在门外站立很长一段时间，张昭的几个儿子一起把张昭搀扶起来，孙权用车把他带进宫中，并作了深深的自我检讨。张昭不得已，才又恢复朝见，这也从另外一个方面反映了孙权的大度和忍耐。

阎立本《历代帝王图》孙权像

# 15

# 黄盖如何当县令

公元208年，曹操发动赤壁之战。面对来势汹汹的曹操，黄盖审时度势，向周瑜提出了"火烧赤壁"的奇策。黄盖的正确主张得到了周瑜的全力支持。为了麻痹曹操，黄盖写下诈降书给曹操，诱使曹操上当。黄盖不但为东吴的胜利献计献策，而且在后来的战斗中身先士卒、英勇作战，险些在战场丧生。《三国演义》中的周瑜打黄盖一幕，其实并未发生。

黄盖除了在生死一线的战场上表现突出之外，在地方管理上也是能力不凡。孙坚带兵征讨江东，黄盖那时就跟随了他。孙权占据江东初期，各地山越民族多有不服，经常发生叛乱。每到这个时候，孙权总是派遣黄盖去进行管制。黄盖曾在石城县做县令，这个县的官吏特别难以约束管理，黄盖便任命两个掾史，分别主管各部门。他教导这两个人说："我这位县令没什么才能，只是凭武功得官，不是做文官而出名。如今贼寇未被平定，我常有军旅任务，把一应公文处理事务全托付你们两位，你们应当监督检查各个部门，纠正揭发他们的错误。你们在本职范围内，要秉公办事，不能作奸犯科，要尽力尽心，不要给他们带坏了头。"开始两个掾史畏惧黄盖威严，很恭敬，做事也很尽心，久而久之，这些吏员以为黄盖不看文书，渐渐荒疏了公务，开始有些不法行为，因为不受监督的权力最容易被滥用。

黄盖掌握到他们各有不守法的几个事例，于是把县内所有官吏请来，设宴酒肉招待，拿出违法乱纪的事例责问。两名掾史无话可说，都叩头请罪。黄盖说，以前已告诫过你们，有罪必罚，于是杀死这两个人，杀鸡儆猴。这一下全县官吏都很震惊，公务上都尽职尽责，县里的一切事物都井井有条。

黄盖前后任职过的九个县，全都平安稳定，估计他的执政方式也简单，先礼后兵在乱世之中也算是一项得体的措施。

# 16

## 董和的严格被人忌恨

董和，字幼宰，益州牧刘璋任他为成都县县令。因为蜀地物产丰富，老百姓家里有点积蓄，都不知道该怎么花费了，于是争相攀比。经商之家，穿戴如同王侯，饮食也十分奢侈浪费，婚娶丧葬之事，几乎倾尽家财来铺张办理。董和以自身节俭为大家做出表率，粗衣素食，规定衣食住行不能超越自家社会身份，制定符合礼制为行为准则，于是当地奢侈之风大为改变，大家都存畏惧而不敢冒犯，其实董和此举也为百姓省下了许多钱财。

县里一些豪强也害怕董和的严法，他们想奢侈却不敢，就鼓动刘璋调董和为巴东属国都尉。此举是釜底抽薪，董和走后，他们便可以继续享乐和奢侈。想不到县中吏员和民众扶老携幼挽留董和者达数千人，老百姓是知道谁是好官的，刘璋只好让董和再留任两年，然后转升为益州太守，他在太守任上仍与过去一样清正廉洁。

公元 214 年，刘备入主益州，征董和为掌军中郎将。董和为官二十多年，在外治理边远地区，在内执掌机要权衡，到死时，家中仍无多余之财。诸葛亮任丞相后，经常教导下属，要学习董和等人的聪明智慧和殷勤忠国的精神，这样才能减少过失。

董和做人堂堂正正，但是因为太严格被人忌恨，其实做官就是要严格，严格才是真正的为国为民，这点上，董和值得后世的官员学习。

# 17

## 法律太严未必奏效

魏国刚建立，高柔任尚书郎，转任丞相理曹掾。曹操还对高柔说，治理和安定社会的教化，应以礼义为首位，匡正乱世的施政措施，以刑罚为先导。

这时，演奏军乐的官员宋金等人在合肥逃跑。依旧法，军队出征而军士逃跑者，要将其妻儿老小投在狱中拷问至死。曹操担心这样还是不能制止逃亡，更加重了刑罚。宋金的母亲、妻子和两个弟弟都被抓到官府，主管官员奏请将他们全部杀掉。

高柔认为严刑峻法制止不了逃跑，于是对曹操说："士卒逃离军队，实在可恨，然而我听说这些人中常有后悔的。我认为就应该宽恕他的妻儿老小，一来使这些人心里忐忑不安；二来可以诱引他们产生回返的心思。先前的处罚，已经断绝了他们回返的愿望，再次加重刑罚，我唯恐如今在军中的兵士，看见一个人逃跑，处罚株连全家，就会带着全家一起逃跑。看来，这种重刑并不是制止逃跑，而是助长了逃跑。"曹操很明智，发现了问题所在，立即停止处罚，不杀宋金的家人。此事之后，蒙受不杀而活下来的人很多。高柔一番话救了很多人的性命。

# 18

## 是仪做官很节俭

　　孙权东迁京都至建业，太子孙登留下镇守武昌，是仪被派留下辅助太子。是仪从不经营家财，不接受别人的施惠，房舍财物能供给日常生活就行。邻居有人建起大宅，孙权出行望见，问人是谁建起大宅，他身边的人回答说："好像是是仪家。"孙权知道是仪为官清廉，家境贫寒，就说："是仪俭朴，一定不是他。"后来一问果然是别人家。

　　是仪衣着不精致，饮食极简便，乐于赈济赡养贫困之人，家中没有什么储蓄。孙权知道他俭朴，前往他家，要求看看他家吃的饭菜，并亲口尝食，对此很感慨，当即增加是仪的俸禄和赏赐，扩增他的田地住宅。是仪多次推辞谢绝，也不愿意多拿俸禄。

　　奸人吕壹多次诬陷告发将相大臣，有的人竟被他告发有罪达四次之多，唯独没有借口告发是仪。孙权感叹说："如果人人都像是仪那样，还到哪里去施用什么法律条令呢？"后来是仪重病卧床，他留下遗嘱要求用一般棺木

汉代画像砖中的居家场景

安葬，穿戴平时衣服入殓，一切务必节省简约。

是仪八十一岁时去世。谁说好人不长命？是仪为这句话做了不同的注解。

# 19

## 宰相肚里能撑船

俗话说：宰相肚里能撑船，将军额头能跑马。作为一个有级别的官员，为人处世需要大度一些，能不计较小事的人，他的成就往往比斤斤计较的人更高、更大！

蜀国蒋琬担任大司马，东曹掾杨戏，平素性情简慢，言语不多，蒋琬与他谈话，也爱理不理的。有人对蒋琬说："您与杨戏谈话他竟不回答，太怠慢了。"蒋琬说："人的心意不同，就像各人的面孔不同一样，当面顺从，背后议论，是古人所警诫的。杨戏想要赞同我对，但不是他的本意；想要反对我的话，就显出我的不对，所以沉默不语，这是杨戏表里一致的地方。"

督农杨敏曾经毁谤蒋琬说："办事糊涂，实在不如前任。"有人把话告诉蒋琬，主事官请求追查惩治杨敏，蒋琬说："我确实不如前任，没有什么要追查的。"主事官请他说说糊涂表现在什么地方，蒋琬说："既然不如前任，事情就不应该处理，事情不应该处理，就是糊涂了。"后来，杨敏因犯事入狱，众人还担心他必被处死，蒋琬对他不抱成见，杨敏得以免治重罪。蒋琬无论是做官还是做人，都值得称赞。

# 20

# 领导不要亲近身边人

　　曹操还是魏公时，就任命赞令刘放、参军事孙资同时担任秘书郎。曹丕即位，改称秘书为中书，任命刘放担任中书监，孙资担任中书令，让两人掌管机密。等到魏明帝继位，两人尤其受到恩宠信任，都加任侍中、光禄大夫，封为本县侯。这时，明帝亲自处理日常政务啦、筹划啦都由他俩掌管；每有国家大事，朝臣议事，经常让他俩决断是非。两个人可以说是红得发紫。

　　中护军蒋济发现这样很危险，认为领导者与"身边人"应该保持一定距离，保持一种正常的上下级的关系。假如到了亦步亦趋的程度，那就是质的变化了，会对国家不利，就上书说："我听说大臣权力太重，国家就有危险，左右过于亲近，耳目必受蒙蔽，这是古代最大的戒鉴。……左右亲信的忠心和谋略，未必胜于大臣，至于逢迎谄媚、阿谀奉承，有的却极其擅长。……如果委任一个臣属，除非有周公旦的忠心、管仲的公道，否则就有弄权败官的弊病。当今之世，栋梁之材虽然很少，但德行能称职于一州，才智可效力于一官，忠信尽力，各奉其职的人，还是可供驱策的，不要使圣明之朝出现恶吏专权的丑名！"魏明帝认为蒋济危言耸听，不接受劝告，认为身边人才是值得依靠的。就像平时的衣物器具一样，用顺手了，谁也不会轻易放弃。领导的身边人就是这样，领导用着得心应手，一般很难主动放弃的。

# 21

## 诸葛亮的家产并不多

公元234年春，诸葛亮进军占据武功县五丈原，魏军主将司马懿与之对垒相持于渭南。蜀、魏两军相持一百多天。当年八月，诸葛亮积劳成疾，病逝于军中，年仅五十四岁。后主刘禅下诏祭奠诸葛亮，追谥为忠武侯。

当初，诸葛亮曾向后主表明自己心愿："臣在成都有桑树八百棵、薄田十五顷，子孙们的日常衣食费用已有宽余。至于臣在外任职，没有额外的花费安排，随身衣服饮食全有国家供应，无须再治其他产业，来增添家财。待臣离开人世时，不让家有多余衣物，外有多余钱财，使自己辜负陛下的恩宠和信任。"等到去世，果如前言。

诸葛亮的全部家产是薄田十五顷，其中包括种有八百棵桑树的桑田。按汉代一顷为一百亩计（每亩折合今亩为0.69亩），诸葛亮也就拥有一千多亩田地，现在看起来是很多，但是当时真的不算多。据《晋书食货志》记载，西晋初年对官员的占田数量有明文规定："品第一者占五十顷，第二品四十五顷，第三品四十

成都武侯祠诸葛亮像

顷……"以下依次类推，"第八品十五顷，第九品十顷"。由此可见，诸葛亮虽然是一品官，位极人臣，但他的田产仅与八品小吏的占田数相当，连"中产"也谈不上。

诸葛亮不但家产收入的来源正当合法，而且生活俭朴，提倡节俭。古代没有官员财产申报制度，而这一封"自表后主"的奏章，无异于一篇"廉洁自律宣言"。

# 22

## 减吏不如减官，减官不如减事

作为官员应该先天下之忧而忧，后天下之乐而乐，但是很多官员是为了享乐而做官，为了发财而做官，花钱买官，钻营当官，结果就导致官员太多了，百姓养不起了。公元279年，晋武帝下诏，询问朝廷大臣该如何改进政务。司徒左长史傅咸上书认为："公与私都不充实的原因，是由于设置的官吏太多了。从前都督是四个，而现在连同监军却多至十人。禹分华夏为九州，现在的刺史几乎是从前的一倍。现在的户口相当于汉代的十分之一，而所设置的郡县却比汉代多。虚设的将帅幕府，动不动就有上百个，但是却无益于值宿、警卫。五个等级的诸侯，坐在那里也要设置官属。所有这些官吏的粮食供应，全都从老百姓身上出，这就是老百姓之所以穷困匮乏的原因。当前最紧迫的事情，在于合并官署，停止劳役，从上至下都致力于农事。"

中书监荀勖认为："减吏不如减官，减官不如减事，减事不如清心，从前萧何、曹参辅佐汉王，承受其清静无为，百姓因此而安宁统一，这就是所说的清心。抑制空话废话，精简公文案卷，省略烦琐的公务，原谅小的过失，这就是所谓省事。把九卿寺并入尚书，把御史台交付三公府，这就是所谓的省官。"

官员少了，因事设官，效率就上去，税收减少了，百姓也就能安心生活了。

# 第三章 阴谋、阳谋，明争与暗斗

　　三国，是一个英雄辈出的年代，也是一个计谋盛行的年代。俗语云："少看西游，老看三国。""少看西游"是指少年人要学习孙悟空的活泼劲儿，天不怕地不怕，力争上游，干出一番事业！"老看三国"其意是老年人应该沉稳，遇事应该冷静，多学习三国人物的善言诡黠，精于心计。

　　纵观历史，大凡能成就伟业者，无不是深谙谋略之人。在人类历史上，为了掌控权势、为了驾驭他人、为了赢得先机、为了获取胜利，没有谋略可玩不转。这里面既有光明正大的阳谋，也有不可告人的阴谋。

　　阴谋阳谋，其实都是人心的较量，在三国这段历史中，这样的谋略不胜枚举，沙场上金戈铁马，谈判桌上唇枪舌剑，进退之间，慎重抉择；尔虞我诈，明争暗斗，浓缩人生百味。时过境迁，历史人物也已故去。但这些谋略故事，可以给我们以启示，给我们以智慧。

# 1

## 尊重是可以花钱买来的

汉灵帝时，张让因为力捧灵帝上位，被封列侯，灵帝常说："张常侍是我父。"他搜刮暴敛、骄纵贪婪，但是因为皇帝宠信，无法无天，没人敢惹。

中常侍张让府中有一位负责掌管家务的奴仆，依仗张让的势力，他也四处耍威风。有个叫孟佗的人，家里比较富裕，一心跟这位奴仆结成好友。孟佗倾尽所有馈赠给他，对其他的家奴也都一样巴结奉承，毫不吝啬。因此，家奴们对他大为感激，问他希望什么回报，孟佗回答说："有朝一日，我只希望你们向我一拜就足够了。"家奴们满口答应。

公元170年，每天前往求见张让的宾客车辆常常有数百辆甚至上千辆之多。有一天，孟佗也前往进见，稍后才到达，车辆无法前进，于是那位奴仆总管率领他的属下奴仆前来迎接，就在路旁大礼参拜，引导孟佗车辆驶进大门。宾客们见此情景，全都大吃一惊，认为孟佗和张让的关系不同寻常，便争相送给孟佗各种珍贵的玩赏物品。孟佗将这些馈赠的物品分送给张让，张让大为欢喜。由于这个缘故，张让就奏请灵帝批准，任命孟佗做了凉州刺史。

不要小瞧小人物，孟佗走小人物路线是正确的，也是成功的。

# 2

## 老百姓容易被鬼道迷惑

张陵客居四川，在鹄鸣山学道，编造道书迷惑百姓，跟他学道的人须交纳五斗米，所以当地人称他为"米贼"。张陵死后，他的儿子张衡继承了父亲的遗业。张衡死后，其子张鲁也干起了这一行当。

公元 201 年，张鲁据有汉中后，用鬼道迷惑老百姓，自称"师君"。那些来学道的人，开始都称"鬼卒"，到了一定程度的，改称"祭酒"。那些教民手下都有军队，拥有兵马最多的，做治头大祭酒。

张鲁教导人们要诚实讲信用，不要欺诈，有了缺点、错误，要自我反省和检讨，这一教义大致与黄巾军相同，这样才可以取得群众基础，让群众认为他们是讲道义的。

各位祭酒都盖起了义舍，就像古代路旁的驿站一样，又置买义米、义肉挂在义舍中，行人视自己肚量大小吃饱为止。他们声称如果吃得太多，鬼神就让他生病，其实不管吃任何东西，吃多了撑着了，大小都会得点病的，但是老百姓不知道啊，就相信他们的话。张鲁让病人自己坦白所犯的过失，再由他为病人向上天祈祷。这种方法实际上并不能治病，但那些愚昧的人却深信不疑，争着一同信奉张鲁。对犯法的人，张鲁饶恕三次，然后才施用刑法。不设置官吏，而全部由天师道中的首领祭酒来管理各级行政事务。当地的百姓以及夷人对张鲁的制度都很欢迎，外地流亡到汉中地区的人，也不敢不信奉天师道。

张鲁等人雄踞四川东部、汉宁一带近三十年。东汉末年，汉皇室的力量不足以征讨，于是就让张鲁做了镇民中郎将，领衔为汉宁太守，其实只是要他将地方上的贡物上奉罢了。

# 3

## 辕门射戟，救人就是救己

　　袁术害怕吕布危害自己，就为儿子向吕布女儿求婚，吕布答应了。袁术派遣部将纪灵等率领步、骑兵三万进攻刘备，刘备向吕布求救。吕布属下的将领们对吕布说："将军一直想杀刘备，这次可以借袁术的手来实现。"吕布说："不然。袁术如果击溃刘备，就可以向北联络泰山的诸将领，我就将陷入袁术的包围之中，因此不能不救刘备。"

　　吕布便率领步、骑兵一千余人急速赶赴刘备处。纪灵等听说吕布前来，觉得打不过吕布，就收兵回营，停止攻战。吕布驻军沛城西南，派遣侍卫去请纪灵等人，纪灵等也派人来请吕布，吕布就前往纪灵营中，邀请刘备一起赴宴。

民国时期的《三英战吕布》年画

吕布对纪灵等人说："刘玄德是我的弟弟，被你们围困，所以我来救他。我生性不喜欢聚合别人的争斗，只喜欢化解别人的争斗。"于是命令军官把铁戟竖立在营门，吕布拉满了弓，对旁观的人说："你们看我射戟头旁边的戟支，如果射中，你们就各自罢兵，如果不中，你们可以留下厮杀。"吕布随即射了一箭，正中戟支。纪灵等全都大吃一惊，说："将军真是天赋神威！"于是各自班师。袁术的战略没有实现。

# 4

## 十三岁孩子的见识

荀攸的祖父荀昙，曾任广陵太守。荀攸年少时死了父亲。荀昙死后，荀昙的故友张权请求为荀昙看守墓地。这年荀攸十三岁，怀疑张权，对叔父荀衢说："这人脸色不正，恐怕有隐私！"荀衢于是追查审问，张权果然是杀人在逃犯。从此人们对荀攸另眼相待。

公元 198 年，荀攸随曹操征讨张绣。荀攸对曹操说："张绣与刘表互相援助，力量强大，但张绣是流动部队，食物要靠刘表供给，刘表无力供给他时，双方势必背离。我们不如暂停进军等待一下，这样可以诱之前来；如果急于进攻，他们势必互相救援。"曹操不听，终于进军，到了穰县，与张绣交战。张绣告急，刘表果然来救。曹操军作战不利。

于是曹操对荀攸说："都是不听您的建议造成的啊！"随即设置奇兵再次交战，大败张绣。

# 5

## 刘备没有摔孩子

刘备摔孩子——收买人心。这个歇后语是在中国使用率颇广的歇后语之一。其出处是小说《三国演义》中的赵子龙长坂坡救主。赵子龙在曹营中杀了数进数出，险些将性命丢在曹营，费尽九牛二虎之力后方将幼主阿斗救出，刘备从赵云手中接过阿斗不仅没有表现出应有的高兴，反而将自己的亲生儿子掷之于地，说：为汝这孺子，几损我一员大将！赵云一见此情景，立时被感动得涕泪涟涟了，连忙抱起被刘备抛掷于地的阿斗，一边跪到地上：赵云就是肝脑涂地也不能报主公的知遇之恩啊！

书中有诗曰："曹操军中飞虎出，赵云怀内小龙眠。无由抚慰忠臣意，故把亲儿掷马前。"

其实在真实的历史中，刘备并没有摔孩子这一出戏。

曹操知道江陵贮有军用物资，恐怕刘备先到，占据江陵，就留下辎重，轻装前进。曹操亲自率领五千名精锐骑兵疾速追赶，一天一夜跑了三百余里，在当阳县的长坂追上刘备。刘备抛下妻子及儿子，与诸葛亮、张飞、赵云等数十人骑马逃走，曹操俘获了大量的人马辎重。

有人向刘备说："赵云已向北逃走。"刘备大怒，将手戟向那人扔过去，说："赵子龙不会丢下我逃跑。"过了一会儿，赵云抱着刘备的儿子刘禅来到。刘备等与关羽的船队会合，得以渡过沔水，遇到刘琦及其所率领的一万余人，与刘琦一起到达夏口。

这段历史记载中，并没有刘备摔孩子这一桥段，显然是《三国演义》的杜撰，是一种艺术手法。

# 6

## 退一步大事可成

公元 207 年七月，曹操带兵深入鲜卑族的居住地，追击袁尚、袁熙。袁尚、袁熙与蹋顿以及辽西单于楼班、右北平单于能臣抵之等带几万骑兵前来迎战。八月，曹操登上白狼山，突然与敌兵遭遇，敌人数量很多。当时曹操的辎重都在后面，穿战甲的人很少，左右随从有些害怕。曹操登上高处，望见敌军队伍混乱不堪，便命张辽为先锋，率军向敌人发起进攻，乌桓军四散奔逃，蹋顿以及部族中许多有名之王都被斩首，与袁尚、袁熙逃往辽东，仅剩下几千骑兵。

当初，辽东太守公孙康自恃地域偏远，不服从管辖。等到曹操打败了乌桓，有人劝曹操应该征伐公孙康，那样就可活捉袁氏兄弟。曹操说："我在等待公孙康砍掉袁尚、袁熙的脑袋送来，不用再派兵了。"九月，曹操带兵返回，公孙康立即把袁尚、袁熙等人斩首，把头送到曹操军中。

将领中有人问曹操："您已退军而公孙康杀死袁尚、袁熙，这是为什么？"曹操说："公孙康一向畏惧袁尚、袁熙，我如果急攻，他们就会合力抵抗；缓和时，他们就会自相残杀，是形势使他们这样做的。"

# 7

## 离间计很奏效

公元211年，马超、韩遂、李堪、成宜、杨秋等十部都起来造反，合起来有十万人马，据守潼关。七月，曹操亲统大军，进攻马超等。八月，曹操来到潼关，与马超等隔着潼关扎营。马超等一再请求割让土地求和。贾诩认为可以假装同意，曹操再问他下一步的策略，贾诩说："离间他们的联盟而已。"曹操很聪明，明白了下一步该怎么做。

韩遂请求与曹操会面。曹操与韩遂的父亲同一年被举为孝廉，又与韩遂是平辈，因此两人马靠马在阵前谈了很长时间，不谈军事，只叙朋友旧事，说到高兴处，二人拍手大笑。会见结束后，马超问韩遂："曹操说了些什么？"韩遂实话实说："没说什么啊！"但是马超等人不这么认为，对他产生了猜疑。

另一天，曹操又给韩遂写了一封信，信中圈改涂抹了许多地方，好像是韩遂所改的，马超等更加怀疑韩遂。曹操于是与马超等约定日期，进行会战。马超他们怀疑韩遂，战场上就无法共同进退。曹操先派轻装部队进行挑战，与马超等大战多时，才派遣精锐骑兵进行夹击，大破马超等，斩杀成宜、李堪等。韩遂、马超逃奔凉州，杨秋逃奔安定。曹操的离间计成功了！

说到离间计，还有一则故事。

公元278年，羊祜病重，荐举杜预代替他。杜预到任后，他挑选精兵，袭击吴国西陵督张政，使吴兵大败。张政是吴的名将，他因为没有防备而打了败仗，感到羞耻，所以没有把实情告诉吴主。杜预想使离间计，于是公开地把战斗中的缴获都还给了吴国。吴主果然召回了张政，派人代替张政。走了一个军事纯熟的大将，来了一个一窍不通的菜鸟，这也为杜预平定东吴扫平了障碍。

# 8

## 眼泪比文采更重要

曹丕还是五官中郎将，而曹植有才华并且名声远扬，两人各有势力，都有争夺嫡子地位的打算。曹丕让人问贾诩巩固自己地位的办法，贾诩说："希望将军宽宏大度，多多学习士子的课程，孜孜不倦，不违背人子之道。就是这些罢了。"曹丕听从了他，深深地自我修行。

曹操又曾支开左右人就此事询问贾诩，贾诩闭口不答。曹操问："和您说话却不回答，为什么？"贾诩说："属下正好在琢磨事情，所以没有回答。"曹操又问："琢磨什么呢？"贾诩说："琢磨袁本初（袁绍）父子、刘景升（刘表）父子。"袁绍和刘表都是因为喜欢小儿子，把后事托付给了小儿子，结果其他儿子因为内乱，被曹操打败，贾诩这么说，是在提醒曹操不要重蹈覆辙。曹操大笑，终于确定立长子曹丕为太子。

一次，曹操带兵出征，曹丕和曹植共同送到路旁，曹植称颂曹操的功德，出口成章，旁边的人都注目赞赏，曹操自己也很高兴。曹丕感到惆怅，若有所失，济阴人吴质在他耳边说："魏王即将上路的时候，流泪哭泣即可。"及至辞行时，

东晋顾恺之根据曹植《洛神赋》绘出《洛神赋图》（局部）

曹丕哭着下拜，曹操和部属们都很伤感。因此，大家都认为曹植华丽的辞藻多而诚心不及曹丕。

曹植做事任性，言行不加掩饰，而曹丕则施用权术，掩盖真情，自我矫饰，宫中的人和曹操部属大多为他说好话，所以最终被立为太子。

曹植就是因为太聪明了，不懂得藏拙之道，在更聪明的曹操面前，曹植算是弄巧成拙了。

# 9

## 设计抓写匿名信的人

曹操征讨关中，让国渊任居府长史，主管留守事宜。后来提升国渊为魏郡太守。

当时有人写匿名信诽谤别人，曹操痛恨这种行为，想知道写信人是谁。国渊请求把原信留下，而不把它宣扬泄露出去。国渊看到原信很多地方引用了《二京赋》的内容，知道这是个有学问的人写的，就嘱咐功曹说："这个郡很大，现在虽是首都，却少有喜好学问的人。这封信颇能开导启发年轻人，我想要派人去拜师学习。"功曹派遣了三个人，国渊在派遣前先召见了他们，教训说："你们所学的东西还不广泛，《二京赋》是有关博物的书籍，世上人忽略了它，很少有能讲解它的老师，你们可以去找寻能读懂它的人，向他请教。"又秘密地告诉他们自己的意图。

几天就找到了能读《二京赋》的人，三人就去拜师。跟着请那个人写了一纸笺书，与那封信一比较，与写信的人是一种笔迹，随即把那人拘捕审问，得到了全部事情真相。

因为国渊的功劳，曹操也就提升国渊为太仆。

# 10

## 蒋干很明智，说不动就不说

蒋干以才能、机辩闻名于长江、淮河之间，没有人能胜过他。历史上的蒋干是当时的名士，而在《三国演义》中蒋干则被刻画成了被周瑜所愚弄的小丑形象。

公元 208 年，周瑜带兵在赤壁大破曹操大军。曹操非常欣赏周瑜，公元 209 年，曹操秘密派遣九江人蒋干去游说周瑜。

蒋干换上平民穿的布衣，自称因私人交谊来看望周瑜。周瑜出来迎接他，站着对他说："蒋子翼，你真是很辛苦，涉水远道而来，是为曹操做说客吗？"遂邀请蒋干进来，与他一同参观军营，巡视仓库、军用物资与武器装备之后，回来设宴款待蒋干，酒席间让蒋干看自己的侍女、服装、饰物以及各种珍贵的宝物，并对他说："大丈夫生活在世上，遇到知己的君主，外表上有君臣关系，内心却情同骨肉，言听计从，有福共享，有难同当，即使苏秦、张仪重生，能转移他的心意吗？"蒋干只是笑，一直不谈私人关系之外的话。他知道周瑜这么说，是间接地告诉他，人家在江东活得很舒服，没考虑跳槽，蒋干也是聪明人，回来向曹操汇报，称颂周瑜胸襟宽广，志向远大，不是言语所能挑拨离间的。

# 11

# 周瑜的美人计

赤壁之战后，刘表原来的部属大多数归附刘备，刘备因为周瑜拨给他的土地太少，不足以容纳自己的部下，就亲自到京口去面见孙权，请求把荆州全部交给自己管理。

周瑜上书给孙权说："刘备是一代枭雄，而且有关羽、张飞这些熊、虎一样的猛将辅佐，肯定不能长久屈居人之下。我认为，从大计考虑，应当把刘备迁走，安置在吴郡，为他大兴土木地建造住宅，多给他供应美女和其他玩赏娱乐的物品，使他迷恋其中。同时，把关羽和张飞这两个人分开，派他们各驻一地，使像我周瑜这样的将领能统率他们攻战，天下大事就可以安定了。如今迁就他割让土地来资助，让这三个人聚在一起，又都安放在边界疆场，恐怕是蛟龙得到云雨，终究不会再留在水池中了。"

吕范也劝孙权留下刘备。孙权认为曹操在北方，正应该广为招揽英雄豪杰，没有听从他们的建议。刘备回到公安后，过了很久才听到这些内幕，叹息说："天下的智谋之士，看法都差不多，当时诸葛亮劝我不要去，也是担心发生这样的事情。我正在危急中，不得不去，这实在是走险路，几乎逃不出周瑜之手！"

周瑜死后，鲁肃接替周瑜统领军队，劝孙权把荆州借给刘备，与刘备共同抵抗曹操，孙权同意了，这就是刘备借荆州的故事。

# 12

## 刘备和曹操反着干

法正向刘备献计攻取益州，作为立脚之地，刘备不愿意进攻刘璋，所以迟疑不决。庞统对刘备说："荆州荒凉残破，人才已尽，东有孙权，北有曹操，难以得志。如今，益州的户口有一百万人，土地肥沃，财产丰富，如果真得到益州作为资本，可成大业！"

刘备分析说："现在与我势同水火的，只有曹操。曹操严厉，我则宽厚，曹操凶暴，我则仁慈；曹操诡诈，我则忠信；总与曹操相反，事情才能成功。如果现在因为贪图小利而对天下失去信义，怎么办？"

庞统说："天下大乱之时，本不是靠一种方法就能平定的。而且兼并弱小，进攻愚昧，用不合礼义的方法取得，再用合乎礼义的方法加以治理，这些行为都是古人所崇尚的。如果在事定之后，赐给刘璋面积广大的封地，对信义有什么违背？今天咱们不去夺取，终究会落入别人手中。"刘备同意他的看法，其实他也是为自己找个借口。于是，留下诸葛亮、关羽等守卫荆州，任命赵云兼任留营司马，刘备亲自率领几万名步兵进入益州，开始了自己的霸业之路。

# 13

## 刘备同意采用庞统的中策

公元 212 年，刘备进入益州，益州牧刘璋在涪城会见刘备，庞统向刘备献计说："乘今天见面之机，可将刘璋抓住，这样将军无须劳师动众即可坐得益州。"刘备说："刚入别国，恩德威信尚未建立，这种事是不能做的。"刘璋返还成都，刘备驻军在葭萌，庞统向刘备建议说："现在，应暗中挑选精兵，昼夜不停地兼程赶路，直接袭击成都，刘璋既不懂军事，又一向没有预备，大军突然到达，可以一举平定，这是上策。杨怀、高沛都是刘璋部下的名将，各领强兵，据守关头，听说他们多次上书，劝刘璋把将军送回荆州。将军派人去告诉他们，说荆州有紧急情况，您打算回军救援，并让人打点行装，表面上做出要回去的样子。这两个人既佩服将军的英名，又高兴将军离去，我想他们一定会轻装骑马来见将军。乘机把他们捉住，吞并他们的部队，再向成都进军，这是中策。退回白帝城，与荆州力量联合在一起，再慢慢策划进取益州的办法，这是下策。如果迟疑着不离去，将会陷入严重困境，不能再耽误了。"刘备考虑半天，同意采用庞统的中策。

等到曹操进攻孙权，孙权要求刘备同军援救。刘备写信给刘璋，说："孙权和我本是唇齿相依，而关羽兵力薄弱，现在再不援救，曹操就一定夺取荆州，进而侵犯益州边界，这远比张鲁更值得担心。张鲁是个只求自保的贼寇，不足以使人忧虑。"乘机要求刘璋给他增拨一万名士兵和军用物资，刘璋只允许拨给四千人，军用物资也都只给一半。刘备就以此为借口，激怒他部下的将士说："我们为益州讨伐强敌，士卒劳苦，而刘璋却爱惜财物，如此吝啬，怎么能使士大夫为他死战呢？"于是刘备率领军队进攻成都，最后做了汉中王。

# 14

## 速战速决，不给敌人机会

魏公曹操派庐江太守朱光在皖屯兵，大量开垦土地，种植稻谷。军队离不开粮草，有粮草的军队才具备战斗力。吕蒙向孙权建议："皖地田土肥沃，一旦稻熟收获，曹军必然扩充，应当早日除去朱光。"

公元212年闰五月，孙权亲自率军攻打皖城。将领们计划堆土山和增加攻城的设备，吕蒙说："制造攻城设备和堆土成山，需多日才能完工。到那时，敌人城防已经巩固，援兵必定到来，我们将不能夺得皖城。况且我军乘雨多水，到处都是大水而来，如果时间长了，大水必定渐渐退去，我们回兵的道路会遇到困难，那是很危险的。现在看来，此城不会十分坚固，我军士气高昂，四面齐攻，很快就可攻克，然后趁大水未退而回军，这才是大获全胜的策略。"

孙权采纳了这一建议。吕蒙推荐甘宁为升城督。甘宁身先士卒攀上城墙，吕蒙命令精锐战士紧随其后，他亲自播鼓指挥，战士们踊跃登

三国时期画像——《砖中车马图》

城。拂晓发起攻击，辰时已经攻克皖城，俘获朱光以及城中男女数万人。不久，张辽率兵赶到夹石，听说皖城失守，便领兵撤退了。孙权任命吕蒙为庐江太守。

# 15

## 孙权骂刘备滑头

刘备在荆州时，周瑜、甘宁等人多次劝孙权夺取蜀地。孙权派遣使者对刘备说："刘璋软弱，不能保护自己，假如曹操得到蜀地，荆州就危险了。我现在计划先攻破刘璋，再击败张鲁，统一南方，即使有十个曹操，我也没有什么可担忧的了。"

刘备本意是自己占领益州，不想被孙权打乱自己的计划，先说了攻打的困难，认为益州人民富裕，地势险要，刘璋虽然软弱，保护自己还有足够的力量。要想一下子打败他，会很艰难。又用曹操来恐吓孙权，说三分天下曹操已拥有其二，他准备进攻吴郡了，不能把机会让给曹操，让敌人钻空子。最后刘备用了苦肉计，来打动孙权，说，我和刘璋都是刘姓皇族，希望凭借祖上尊严的神灵匡扶汉朝。如今刘璋得罪了您，我倍感惶恐，不敢听从您的计划，请求宽恕。

刘备的小把戏骗不了孙权，孙权派孙瑜率水军驻在夏口。刘备不允许孙权的军队过境，对孙瑜说："你们若要攻取蜀地，我将披头散发，隐遁山林之中，不能在天下人面前失信。"便派关羽驻守江陵，张飞屯兵在秭归，诸葛亮据守南郡，他自己坐镇屏陵。孙权不得已，把孙瑜召回。

公元 215 年，刘备向西进攻刘璋，孙权说："猾虏，乃敢挟诈如此！"（这个滑头，竟敢如此搞阴谋诡计！）明知道上当了，但是也无可奈何，只有骂几句出出气。

# 16

## 吕蒙真会蒙人

刘备入川时，留任郝普为零陵太守，并命令郝普守零陵。公元215年，吕蒙进攻零陵，太守郝普据城坚守不降。刘备得到消息以后，亲自救援。孙权用紧急军书传召吕蒙，让他放弃零陵去帮助鲁肃。

吕蒙接到孙权的书面命令后，秘密藏了起来。夜间，召集部下将领，宣布了自己的作战方案；清晨，在向零陵发起攻击时，吕蒙看着郝普的旧友南阳人邓玄之说，郝普不了解时势。现在左将军刘备在汉中被夏侯渊包围，关羽则在南郡，他们救命都来不及，没有其余力量再救援零陵！我准备充分，将向零陵城发起攻击，不久必定可攻进城去，城破之后，郝普自身难保。你应该去见他，为他分析一下，劝他投降。

邓玄之也认为吕蒙准备进攻了，只要进攻，郝普肯定失败，就去见郝普，把吕蒙的意思全都告诉他。郝普被吓住了，出城投降。吕蒙亲自迎接，拉着他的手一起下船，谈话后，吕蒙把孙权的军书命令拿来给他看，拍手大笑。郝普看到军书命令，才知道刘备已到公安，而关羽在益阳，惭愧悔恨得要钻到地底下。但是木已成舟，也无可奈何了。吕蒙的示假隐真之计奏效了。

# 17

## 表面一套暗里一套

关羽将曹仁包围在樊城时，孙权想借机攻打关羽，就派遣使者来告诉曹操说："我想要派兵向西攻打夺取关羽的地盘，江陵、公安两县十分重要，关羽失掉了这两座城池，一定会自动奔逃，对樊城的包围就会自行解除。这个计划请保密，不能泄露而让关羽有所准备。"

曹操看到后，就问大臣该怎样办，大家都认为应当替他保密。董昭却持不同意见，说："军事上的事情注重权变，要求它合乎时宜。咱们应该表面上答应孙权，为他保密，但实际上要把它泄露出去。这样关羽知道了，如果退兵，樊城的包围就会很快解除，还可以使孙权、关羽互相对峙攻击，我们可以坐山观虎斗。如果我们保密，让孙权得逞，对我们不利。另外，围城中的将官如果不知道外有救兵，想到粮食越来越少，会产生恐惧情绪，倘若有了其他的想法，造成的危难将不会小，所以还是露出这个消息对我们有利。并且关羽为人强横凶暴，自己倚仗江陵、公安二城防守坚固，必定不会立即退兵。"

曹操感觉这是条妙计，就命令前去救助曹仁的大将徐晃把孙权的来信射到围城里和关羽的军营中，围城中的人知道了这个消息，斗志倍增。而关羽果然犹豫

明代商喜《关羽擒将图》

不决。等到孙权军队到了江陵、公安，得到了关羽的这两座城池，关羽惨遭失败。

# 18

## 白衣渡江，暗度陈仓

吕蒙与关羽分荆州而治，边界相接，他深知关羽骁勇，有兼并东吴之心，况且关羽居东吴上游，分土而治的形势难以持久。

吕蒙初到陆口，表面上倍加与关羽修好结盟，时常给关羽送礼，显出自己很谦卑。后来关羽征讨樊城，留下部分兵力驻守公安、南郡。吕蒙上疏指出："关羽征讨樊城而多留防守的部队，必定是担心我危害他的后方。我时常患病，就以我治病为名召我回去。关羽知道后，就不忧虑我了。那时我们大部队从水路昼夜逆流而上，袭击蜀军空虚所在，则南郡可得，而关羽也就可以擒获了。"于是假装病重，孙权就公开发布文书召吕蒙回建业，暗中与他密商计策。

关羽果然信以为真，逐渐撤走南郡的留守部队开赴樊城。

孙权听说，即开始行动。公元 219 年，先遣吕蒙在前出军。吕蒙军至寻阳，将精兵全部埋伏在大船之中，让人穿着一般衣服作百姓的模样摇橹，船中坐着的人都打扮成商人的模样，昼夜兼程，来到关羽设在江边的哨所，将哨兵们全部俘虏，所以关羽根本没有听到东吴进军的消息。后来，关羽自知势孤力穷，于是逃往麦城，西行到漳乡，兵士们都离开关羽投降孙权。孙权派朱然、潘璋卡住关羽必经的道路，将他们父子二人全都抓住。于是吕蒙平定了荆州。

# 19

## 诸葛亮没设过空城计

《三国演义》里说诸葛亮设空城计吓跑了司马懿，但根据史书记载这并非事实。三国这段历史，有两次空城计，但主角都不是诸葛亮。

一次是赵云的"空城计"。

公元 219 年三月，曹操从长安出发，穿过斜谷，派兵据守险要之处，以便大军顺利到达汉中。刘备集结军队，占据险要阻拦。始终不与曹军交战。曹军在北山下运送粮米，黄忠率军企图夺取，超过约定的时间，不见回转。翊军将军赵云率领骑兵数十人出营察看，恰巧曹操大军出动，赵云与敌人猝然相遇，便冲击敌阵，且战且退。曹军散开后再度会合，追至赵云的军营前，赵云进入军营，又大开营门，偃旗息鼓。曹军怀疑营中有埋伏，于是撤退。赵云命令擂起战鼓，鼓声震天，却只以强弩在后面射杀曹兵。曹军非常惊骇，自相践踏，落入汉水中而死的很多。第二天一早，刘备亲自来到赵云的兵营，察看了昨天的战场，说："子龙一身都是胆啊！"曹操与刘备对峙了一个月，五月，曹操返回长安，刘备因此占据了汉中。

还有一次是文聘的"空城计"。

孙权听说曹丕去世，立刻兴师动众亲征江夏，试探一下魏明帝。此时正值雨季，江夏太守文聘正生病，同时看到城墙毁坏还没来得及修补，估计硬拼拼不过孙权的几万大军，就摆了个空城计。他先命令大家都回家，街上一个人也不许有，自己也回家睡大觉。孙权果然被搞糊涂了："这个文聘向来有忠义的名声，因此才担任江夏太守这么多年。如今这么布置，恐怕是有什么诡计吧？"

几万大军连个空城都不敢碰。魏明帝曹睿看扁了孙权，连救兵都不发，孙权就撒眉奔眼地退兵了。

# 20

# 没有七擒孟获

　　七擒孟获讲的是三国时，诸葛亮出兵南方，将当地酋长孟获捉住七次，放了七次，使他真正服输，不再为敌。比喻运用策略，使对方心服。《三国演义》中有详细的描述。在吴魏的两次交手之间，诸葛亮于公元 225 年抓住他们无力琢磨蜀汉的机会南下平定了雍闿等的叛乱，采取攻心为上，攻城为下；心战为上，兵战为下的措施。顺利击败斩杀雍闿、高定后，孟获带领余部继续对抗诸葛亮。孟获在南中一带很有名望，诸葛亮特地下令抓活的。孟获被俘后不服，诸葛亮就一连活捉他七次，都把他放了。第七次，孟获自己也不好意思了，保证再也不会反叛了。按照《资治通鉴》的记载，诸葛亮五月渡泸，七月孟获投降，前后只有两个月。如《三国演义》中那么大打出手看来是不可能的。

　　在《三国志·诸葛亮传》中，有关他平定南中的记载总共 12 个字：“三年春，亮率众南征，

元代赵孟頫《诸葛亮像》北京故宫博物院藏

69

其秋悉平"。七擒孟获的地点，大概是现在云南省内的广大地区。从当时交通情况看，是兵卒步行，辎重马匹驮运。诸葛亮的南征开始于公元225年春天，平定完叛乱班师回成都是秋天。从成都出发，到了"五月渡泸，深入不毛"的渡泸处，已经用了三四个月时间，剩下的时间，即使完全不停地走也走不完各点，更谈不上还要在七个地点都要打仗。

"七擒七纵"的故事实际上是不存在的，民间传说诸葛亮"七擒孟获"是因为诸葛亮"南抚夷越"的政策已经深入人心，当地百姓对诸葛亮极为崇尚，难免会将一些其他人物的事迹，都牵强附会到诸葛亮身上，以讹传讹，使得后世们也不得不信了。

# 21

## 田豫的离间计

曹丕刚即位时，北边少数民族日益强盛，经常进犯边境。曹丕任命田豫持节护乌丸校尉，与牵招、解鯱并护鲜卑。鲜卑有几十个部落，比能、弥加、素利各霸一方。他们又互相盟誓，不允许用马和中国进行贸易。

田豫认为各少数民族团结一心对魏国不利，于是设下离间计，让他们彼此猜忌，互相进攻。素利首先违背誓约，出售一千匹马给官府。比能为此而进攻素利。素利向田豫求救。

田豫又怕他们相互兼并，危害更甚，应当讨伐首恶，于是率领精锐部队，深入敌后，前后包围，断绝了比能的退路。田豫秘密布置，让司马高举战旗，击鼓，率步兵从南门出击。敌人都被吸引过去。田豫率领精兵强将从北门冲出，鼓声四起，两头夹击，出其不意，将敌人的包围冲散，他们丢下武器马匹，撒腿而逃。田豫率兵追杀了二十多里，尸横遍野。

又有乌丸王骨进狂傲不恭。田豫出塞巡视，只带了百余名骑手进入骨进营地。骨进拜迎时，田豫命令手下人斩杀骨进，当众公布他的罪状。骨进部下全都吓得不敢动。田豫把骨进的弟弟推举出来做了乌丸王。从此胡人非常敬畏田豫。

山间强盗高艾，聚合了几千人马，常常抢掠烧杀，成为幽、冀两州的公害。田豫诱使鲜卑首领素利斩杀了高艾，将其首级送到京城。

田豫因为有功被封为长乐亭侯。他任校尉有九年之久，抗御少数民族部落的反叛，经常采取控制少数民族之间的兼并，同时使用离间计挑拨其相互关系的方法削弱他们的实力。凡是那些为胡人牟利而对中国构成威胁的人，田豫都能设计使其阴谋破产，并让他们不得安宁。

# 22

## 随机应变，不能一成不变

公元 238 年六月，司马懿大军到达辽东，进军包围襄平。七月，连降大雨，辽河暴涨，运粮船队从辽口直抵城下。大雨下了一个多月不停，平地水深数尺，魏军都很恐惧，打算迁移营垒，司马懿下令军中："有敢说迁营者斩！"都督令史张静违抗命令，被斩，军心这才安定。

公孙渊的军队依仗水势，砍柴、放牧依然如故，将领们想要俘获他们，司马懿都不准许。有人疑虑，就问："从前攻打上庸，八支部队同时进发，日夜不停，所以能用十六天时间攻下坚城，斩杀孟达。这次远征而来，反而更安闲迟缓，这是为什么？"司马懿说："孟达兵少但存粮可支撑一年，我军将士四倍于孟达，但粮食不能支持一个月。以一个月攻打一年，怎么可以不快速？以四个兵士攻击一个敌人，即使丧失一半而能够攻克，都应当去做，所以不顾死伤地强攻，是与粮食竞争啊！如今敌众我寡，敌饥我饱，何况雨水如此之大，军队不能施展，虽然应当速战速决，又能干什么呢？自从我们出发，不担心敌人进攻，只恐怕敌人逃走。如今敌人粮食就要耗尽，可是我们的包围还没完成，抢掠他们的牛马，偷袭他们的樵夫，这是故意逼迫他们逃走啊。用兵是一种诡诈的行为，要善于随机应变。敌人凭仗人多，倚仗雨大，虽然饥饿窘困，还不肯束手投降，应当显示出我们无能以便使他们安心。如果因贪图小利使他们惊吓逃跑，这不是好的谋略。"

魏国朝中听说大军遇雨，一致打算退兵。魏明帝说："司马懿有能力临危控制事变，捉住公孙渊指日可待。"雨停后，司马懿随即合拢包围圈，高堆土山，深挖地道，用橹车、钩梯、冲车，日夜攻城，公孙渊窘迫危急，粮食已尽，以致人与人互相格杀残食，死亡极多，公孙渊和儿子公孙修带领数百骑兵从东南突围逃走，魏军急忙追击，在梁水岸边斩杀了公孙渊父子。

# 23

## 司马懿会"演戏"

公元 248 年冬，司马懿避开曹爽，在家装病。李胜是荆州人，长期依附于曹爽。被任命为荆州刺史。曹爽派李胜以辞行及求教（司马懿曾在荆州镇守多年）的理由来探探底细。

司马懿此时正是古稀之年，曹爽的这个把戏当然瞒不过他的法眼。于是，他故意做出了一副体弱多病的姿态来招待这位客人。李胜见到司马懿躺在病床上，连站立起来打个招呼的力气都没有，大吃一惊："天子隆恩，任命我为本州（李胜是荆州人，因此称荆州为本州）刺史，特地来向太傅您辞行。早就听说您贵体欠安，没想到病得这么厉害。"司马懿故意气喘吁吁地胡说一通："年老体弱，恐怕不能长久了。您屈就并州，那里靠近匈奴，最近听说闹得厉害，您要好好注意边防。我死后，两个儿子司马师、司马昭，就托付给您了。"

李胜一听，并州？不对啊，就解释说："我是去本州，不是并州。"司马懿仍然装作听不清的样子："您刚从并州回来？"李胜没办法，只好大声缓慢地说："我是就任荆州刺史，不是并州。"司马懿这才听清了，叹息道："年老耳聋，听不清了。您是衣锦还乡啊，可喜可贺。到任后，希望您再立新功。"说完后，他示意口渴，旁边的侍女端来汤水。然而，司马懿才喝了几口，就弄得到处都是。李胜看到这个样子，自己反而尴尬起来，也不便打扰，就说了几句客套话后告辞离开。

回去后，他一五一十地告诉了曹爽："太傅已经没几天活头了，您不必担心。"从此，曹爽再不把司马懿放在眼里。司马懿却暗地里和他的儿子中护军司马师、散骑常侍司马昭密谋诛杀曹爽。

# 24

## 升官未必是好事

公元 272 年七月，晋朝任命贾充为司空。贾充与侍中任恺都被晋武帝所宠爱、信任，贾想独占权势而嫉妒任恺。晋武帝知道他们不和，召来贾充、任恺，在式乾殿宴请他们，说："朝廷应当是一个统一的整体，大臣之间要和睦相处。"贾充、任恺各自拜谢了晋武帝。

贾充、任恺认为晋武帝已经知道了他们之间不和却没有责备他们，更加无所顾忌，表面上他们互相推崇、尊重，内心里的怨恨却越来越深。贾充于是荐举任恺任吏部尚书，任恺侍从会见皇帝的机会变少了，贾充架空任恺之后，便乘机诬陷任恺，任恺因为升迁，见不到晋武帝，失去了辩解机会，因此获罪，被罢免待在家里。

# 第四章 做人处世，三国有警示

　　读三国的目的不是为了替古人伤悲，也不是为了增加谈资，而是用古人的经历来使自己获得人生的经验，说白了，就是学习古人做人的道理和处事的方法。在那个风起云涌的时代，要想成就一番事业，往往举步维艰，在变幻莫测的大环境下，如果不懂得如何为人处世，不要说建功立业，就连保全性命都是困难的。只有深谙做人处世之道，才能够在恶劣的环境中保身，然后运用智慧去团结更多的人，做成更多的事，积累更多的资本，从而成就更大的事业。

　　一个能够成就一番事业的人，一定是一个会做人的人。虽然三国已经成为历史，但三国中的为人处世智慧同样能够被今人借鉴。当今社会变得越来越复杂，人要想更好地生存和发展，学会做人之道是当务之急。我们应该做的是立足现实，从这些故事中来领悟各种各样的智慧，然后将这些智慧巧妙地运用到生活中。

# 1

# 董卓很会做人

　　董卓出生于殷富的地方豪强家庭，是陕西临洮（今甘肃省岷县）人。董卓不仅能识文字，体魄健壮，力气过人，还通晓武艺，善射箭。他那凶狠的性格和强悍的体魄，使得当地人们都畏他三分。不仅乡里人不敢惹他，周边羌人也不敢有丝毫怠慢。

　　董卓外表粗壮，但是很有心计，他善于收买人心。某日董卓正在田中耕作时，有一些到内地来办事的羌族首领顺便来看望他。董卓看到远道而来的朋友非常高兴，邀众人到家中做客，将正用于犁田的耕牛宰杀掉来招待客人，羌族首领们为董卓重义气而又豁达豪爽的行为所感动，他们回去后收集了牛、马、羊各类牲畜千余头赠予董卓。董卓见羌人如此敬畏自己，便寻思如何来利用和控制他们，并开始在羌人中培植和收罗亲信，为自己以后的长远发展打下基础。羌人一方面畏服董卓的凶悍，另一方面感于董卓的"豪爽"，所以都归附他，愿意听候他调遣。同时，董卓还收罗大批失意、落魄的无赖之徒，他们为董卓的义气所感动，后来也都一直死心塌地地跟随他。

　　董卓还善于为自己积累实力。东汉桓帝末年，朝廷从汉阳、陇西、安定、北地、上郡、西河六个郡中选拔良家子弟来充任负责皇帝宿卫侍从的羽林郎，董卓因为武艺高强，力大过人，能够背两只箭袋在纵马疾驰中左右开弓，故而被朝廷选中。他先在军中担任掌管行军之事的军司马，不久跟随中郎将张奂攻打并州立了战功，被提升为负责守卫京城皇宫诸殿的郎中，并赏赐细绢九千匹。董卓接受了官职，却把所得的九千匹细绢全部给手下的官兵。官兵都很感激董卓，愿意跟随他。

西北韩遂在凉州聚众反叛，朝廷派董卓带兵围剿韩遂。当时朝廷共派出六路人马出征陇西讨伐韩遂，其他五路都连吃败仗，只有董卓指挥的这一路完整地撤退回来，没遭什么损失。董卓率师突围后驻扎在扶风郡，朝廷因其有功提升他为前将军，调任并州牧。

一时之间，董卓成为闻名陇西的风云人物，不管是在官府，还是在民间，董卓都具有举足轻重的地位。朝

元代赵孟頫《人马图》中西域人的形象

廷虽然对董卓加以抑制，但羽翼日趋丰满的董卓自恃战功与威望，变得越来越野心勃勃、目中无人。这一切都为董卓日后掌权天下打下了坚实的基础。

# 2

# 做人不能出尔反尔

孙坚一直替袁术卖命，死后，大儿子孙策为了继承父亲的遗志，只好屈从袁术。他赶赴寿春，去见袁术。他流着眼泪对袁术说出了自己的想法。袁术知道他能屈能伸，大有过人之处。但要马上将孙坚旧部还给他让他自立，自己又心有不甘。于是，袁术便说："我已任命你的舅父吴景为丹阳太守、你的堂兄

孙贲为都尉。丹阳是出精兵的地方，你可去投奔他们，召集兵勇。"

孙策便接了自己的母亲，带着汝南人吕范和族弟孙河，到了丹阳曲阿。依靠舅父的力量，孙策招募到兵勇数百人。但是不幸遭到泾县大帅祖郎的袭击，全军覆没不说，还差一点丢了性命。孙策只好又去见袁术。袁术这才将孙坚旧部一千多人交还给孙策统领。从此，孙策渐渐展露出英雄本色，他也给袁术立了许多战功。

袁术为人反复无常，往往言而无信，起初他许诺任用孙策为九江太守，不久，却改用自己的亲信丹阳人陈纪担任。后来，袁术攻打徐州，向庐江（今安徽庐江西南）太守陆康索求三万斛军粮，陆康不给，袁术大怒。正巧孙策以前曾去拜访陆康，陆康看不起孙策，只让自己的主簿接待，自己不出来相见，为此，孙策怀恨在心。袁术就派孙策去攻打陆康，并且又许愿说："之前我错用陈纪，经常后悔自己用错人了。如果这次你拿下陆康那家伙，庐江郡一定封给你。"

孙策奉命出击，轻松拿下庐江。可袁术居然又出尔反尔，任用他的老部下刘勋当了庐江太守。对袁术，孙策一次比一次感到失望。

丹阳尉朱治是孙坚的老部下，过去曾任孙坚的校尉，他发现袁术政德不立，就劝说孙策趁机收取江东。于是孙策就去见袁术。袁术明知孙策对自己不满，就上奏朝廷任命孙策为折冲校尉。孙策遂率父亲旧部和自己的数百门客东进。孙策最终还是依靠父亲孙坚的旧部攻打江东，拥有了自己的地盘。

# 3

## 平时多烧香，急时有人帮

太史慈年少时好学，在郡里任奏曹史。北海相孔融认为太史慈是个奇才，多次派人问候太史慈的母亲，并送去馈赠的物品，借此来结交太史慈。

当时孔融因为黄巾军攻州掠府，出兵驻守都昌，被起义军管亥所包围。太史慈从辽东回来，他母亲对他说："孔融对我一直体恤殷勤，现在他受到贼兵包围，你当速去救助。"太史慈很孝顺，仅仅在家停留了三天，即一人步行到都昌。

此时包围得还不十分严密，太史慈等到夜间，乘人不备进去见孔融，请求孔融派兵随他出城砍杀。孔融不听，想等待外面的援兵来解救，但一直未见救兵，而包围一天比一天紧逼。孔融想向平原相刘备告急，城里人没有办法冲出，太史慈主动请求派他去。

于是太史慈收拾好行装，用鞭猛抽马直向包围圈冲去。等到起义军明白过来时，他已突围而去，并且射死了好几个人，都是应弦倒地，故此无人敢追赶他。

太史慈于是到了平原，希望刘备能够救人于急难之中。刘备认为孔融向他求救是给他面子，当即派精兵三千跟随太史慈前去救助。起义军听说救兵已到，撤围逃散而去。孔融得以解围后，更加认为太史慈是个奇才而加以敬重。事情结束后，太史慈回家禀告母亲，母亲说："我很高兴你能这样报答孔北海。"

俗话说平时多烧香、急时有人帮。交朋友不是一种短平快的交易，要提前做到感情投资。孔融要不是经常派人探望太史慈的母亲，关键时刻，怎么能换来太史慈的鼎力相助呢？

# 4

# 至刚易折，上善之人

古人云：至刚易折，上善若水。做人不可无傲骨，但也绝不能总是昂着头。在为人处世上，不能过于刚直，也不能过于柔弱，而应刚柔并用。至刚易折，柔极则废，刚柔相济，才能无往而不胜。但是有的人至死都不会明白这一点，

明代人绘周文王像

比如祢衡。

平原人祢衡自幼有才华，能言善辩，但气盛、刚直而又骄傲，祢衡从不知世上有谁值得他青眼相加，所以一概报之以白眼。即使对人世间仅有的两位知己孔融和杨修，评价起来照样疯疯癫癫，没遮没拦，竟将年长自己二十岁的孔融称为大儿，将杨修称为小儿。

后来，孔融把他推荐给曹操。祢衡辱骂曹操，曹操大怒，对孔融说："祢衡这个小子，我要杀他，不过像宰一只麻雀或老鼠一样罢了！只是想到此人一向有虚名，杀了他，远近之人将说我没有容人之量。"于是把祢衡送给刘表。骂人之于祢衡，就像毒品之于瘾君子，乃是不可遏制的爱好和冲动，为此，他根本就没有考虑过自己将承担什么后果。拉拢一方，打击一方，骂一些人，同时安抚另一些人，这些最基本的世故，祢衡全不知晓。

刘表对祢衡礼节周到，把他当作上宾。祢衡很赞美刘表的所作所为，但却爱讥讽刘表左右的亲信。于是，刘表的亲信就势诬陷祢衡，对刘表说："祢衡称颂将军仁义爱人，可以与周文王相比。但又认为将军临事不能决断，而最终的失败，必定是由于这个原因。"这话实际上指出了刘表的缺点，但却不是祢衡说的。刘表因此大怒，知道江夏郡太守黄祖性情暴躁，就把祢衡送到江夏。黄祖对祢衡也很优待，但后来祢衡当众辱骂黄祖，黄祖粗人一个，根本不考虑什么名声，就把祢衡杀死了。其实不管古代还是现在，祢衡这种人都会在社会上跌大跟头。

# 5

# 刘备少年不上进反而成事

刘备少年失父，与母亲靠贩草鞋织芦席为生计。十五岁时，母亲命他外出游学，于是他与同族刘德然、辽西人公孙瓒一道拜师九江太守同郡人卢植。

公孙瓒与刘备两人交情深厚，因其年长，刘备即以兄长之礼对待他。刘备不太喜爱读书，反倒喜欢走狗跑马、听音乐、穿好衣服。他平时沉默寡言，善待下人，不轻易表现出自己的喜怒，并喜欢结交豪侠之士，不少年轻人都争相归附，为其所用。中山人巨商张世平、苏双等，积蓄千金家财，贩马往返于涿郡一带，见到刘备，以为此非凡之人，于是馈赠他大笔钱财，刘备便用这些钱财招起一支队伍。

汉灵帝末年，黄巾军起，各州郡纷纷组织"义兵"，刘备带领自己的队伍跟随校尉邹靖征讨黄巾军有功，被委任为安喜县县尉。后来，他投奔中郎将公孙瓒，公孙瓒上书朝廷举荐他为别部司马，并派他协助青州刺史田楷抵御冀州牧袁绍。

刘备因多次立有战功，代理平原县县令，随后又兼任平原国相。本郡人刘平一向瞧不起刘备，以受其管辖为耻，于是派刺客行刺刘备，刺客不忍下手，并将自己的来由告知刘备，然后离去。刘备就如同《水浒传》里的宋江，深得人心，他也凭借自己的"人和"优势，在汉朝末年，天下三分有其一。

# 6

## 求人就该三顾茅庐

《三国演义》把刘备三次亲自请诸葛亮的这件事情，叫作"三顾茅庐"。在诸葛亮的《出师表》中，就有"先帝不以臣卑鄙，猥自枉屈，三顾臣于草庐之中"的表述，可见"三顾茅庐"确有其事。史书上是这么记载的：

诸葛亮身高八尺，常自喻为管仲、乐毅，当时人们都不以为然。刘备正驻军新野县。徐庶谒见刘备，刘备对他十分器重，徐庶对刘备说："诸葛孔明这人，是'卧龙'啊！将军想不想见见他？"刘备说："你陪他一道来吧！"

徐庶说："此人只能拜访他，不可随便召他来。将军您应该屈尊去看望他才好。"刘备也知道，面对高人首先是尊重，于是亲自前往拜访诸葛亮，一连去了三次，才得以相见。

公元207年，诸葛亮还是个二十七岁的青年，面对已有一定实力的"皇叔"刘备，诸葛亮为何前"两顾"避而不见？或许诸葛亮知道

明代画家戴进《三顾茅庐》（局部）

人们对容易到手的东西不珍惜，越是不容易到手的越是珍惜，所以故意吊刘备的胃口吧。

# 7

## 成大事必以人为本

以人为本是今天人们非常熟悉的一个词语，很少有人知道这个著名词语最初源自谁的口。以人为本作为一个完整的词语见于《三国志》，出于刘备之口，这个词语的发明权属于刘备。

曹操到达新野县，刘琮就以荆州投降曹操。刘备大惊失色，召集部属，共商对策。有人劝刘备进攻刘琮，可以夺下荆州。刘备不同意，于是率领部下撤离，经过襄阳时，荆州的人士有许多都跟随刘备离去。刘备到刘表的墓前祭奠，流着泪辞别而去。到达当阳时，跟随刘备的已有十余万人，还有辎重车几千辆，每天只能走十余里。兵民混杂，队伍庞大，行动缓慢。这样的行军速度无法跟"一日一夜行三百余里"的曹军精骑相比，也是致命的。

刘备手下又有人看出了危险，对刘备说："您应当火速行动，保守江陵。如今人数虽众，但披有铠甲的兵士并不多，如果曹军来到，怎样抵挡？"刘备说："要成大事业，必须以民众为根本，如今百姓来归附于我，我怎么忍心舍弃他们而去呢？"

这时候能丢下一路跟随的患难百姓吗？这时候谁又舍得丢下他们呢？这时候刘备的内心已不会失去方向，成大事必以人为本。

纵观三国，曹操挟天子以令诸侯，占据的是天时；孙权有长江之险要，占据的是地利；刘备只有占据人和这一优势了，而他也正是凭借人和这个优势，取得了人生的成功。

# 8

# 尽快给大家论功行赏

失败之后最需要的是秣马厉兵，卧薪尝胆。胜利之后最需要的是论功行赏，封官加爵。

公元 207 年二月初五，曹操下令说："自我举起义旗，平定暴乱到现在，已整整十九年了，这期间每战必胜，难道这是我一个人的功劳吗？这都是贤才智士、文武百官尽忠尽力的结果呀！现在虽然天下还没有完全太平，还需我和他们一起去平定，但是我独享功劳，怎能安心呢？应该尽快给大家论功行赏。"于是大封功臣，功劳卓著的二十多人封为列侯，其余的也论功行赏，还免除为国死难者子女的徭役赋税，轻重不等。

公元 209 年八月二十四日，曹操下令说："最近几年来，军队多次远征，官兵都有死亡，有时还遇到瘟疫，不能再回家乡，夫妻难以团聚，百姓流离失所，这难道是仁爱之人愿意看到的吗？是不得已才这样做。特此命令：凡是死的士兵家中没有产业，难以维持生活的，政府不得停止供应食粮，官吏必须慰问救济他们，这才合我意。"

经过这两次封赏，大家对曹操推崇备至，言听计从，都愿意跟着曹操卖命，这也为曹操夺取天下奠定了坚实的基础。

# 9

# 不拘一格降人才

公元 210 年春天，曹操颁布命令："自古以来，凡是开国和中兴的君主，无不靠贤人君子帮助共治天下！君主得到贤才，足不出巷，这难道是侥幸碰上的吗？是高高在上的执政者不去寻访罢了。如今天下还未平定，这是正需要贤才的时候。……难道现在天下就真没有像吕尚那样富有才华却穿着破衣服在渭水边垂钓的人吗？难道没有像陈平那样被诬与嫂子私通，接受贿赂却还没有遇到识才的人吗？各位一定要帮我明察举荐出身低微的有才之士，只要有才就举荐，使我能够重用他们。"

在冷兵器时代，精良的武器，勇敢的士兵是战争取得胜利的重要条件，人才同样是战争能否取胜的关键因素。在等级森严的封建社会，"草根"想进入上层社会简直就是奢望。曹操这个命令看似平常，其实意义深远，他也因此得到了许多下层中的人才，正是这里面的许多人才为曹操谋划，出主意，帮助曹操取得了一个又一个的胜利。其实，在漫长的人类历史长河中，凡是有作为的皇帝，基本上都能做到"不拘一格降人才"，唯才是举。

# 10

## 位子是干出来的

曹仁是曹操的堂弟，他从小就追随曹操。一次，曹仁与曹操一起征讨荆州，曹操任命曹仁为行征南将军，驻守江陵，以抵挡吴国将领周瑜。周瑜领数万人马进攻，当先锋数千名士兵到了城下时，曹仁登上城墙察看了一番，接着组织了三百名勇士，派手下将军牛金带领，前去应战。贼兵人多，牛金兵少，三百人被一千多人团团围住。长史陈矫等人都在城墙上观战，看见牛金寡不敌众，脸色都吓得变了。

曹仁怒气冲天，吩咐牵过自己的坐骑，陈矫等人都来拦他，说："敌兵人多，其势不可当啊！不如舍弃这几百名兄弟，将军您何必以身赴难呢？"曹仁不理睬，带领手下数十名壮士冲出城门。离贼兵百余步的地方有一条河沟，陈矫等人都以为曹仁会在沟旁停住，与周瑜的队伍形成对峙，但曹仁越沟而前，冲入敌人的包围圈，将牛金等人解救了出来。

还有一些士兵被困在敌阵里，曹仁再次冲入敌阵，救出那些士兵，消灭了很多敌人，周瑜兵开始后退。陈矫等人起初见曹仁执意冲出去援救，都十分担忧，直到曹仁得胜归来，他们无不惊叹，说："将军您真是天神下凡啊！"很多军士都佩服他的勇敢，曹操更器重他，封他为安平亭侯。

很多时候你坐的位子是你自己凭真本事得来的，凭借自己的功劳得以升迁的，凭空而来的，未必坐得稳，尤其是在军旅中，很容易引起属下的不服。

公元217年三月，孙权让平虏将军周泰统领濡须守军，朱然、徐盛等人都成了周泰的部下，他们认为周泰出身寒微，心中不服。孙权召集各位将领，大摆酒宴，奏乐畅饮。在酒席上孙权让周泰解开衣服，用手指着他身上的伤痕，询问受伤经过，周泰对那些战斗地点全都记得，依次回答。讲完，孙权要他重新穿好衣服，拉着他的手臂，流着泪说："周泰，你为了我孙氏兄弟，像熊和虎一样勇猛作战，不顾惜自己的身体性命，受伤数十处，我又怎么忍心不把你看作亲骨肉，委以统率兵马的重任呢！"宴席散后，孙权让周泰以兵马开路、护卫，擂鼓鸣号，奏起军乐，走出了军营。于是，徐盛等人才服从周泰指挥。

只有真本事才能服众，也只有付出真本事才能获得相应的位置。

# 11

## 要多夸奖人

庞统二十岁上前去拜访司马徽，司马徽正在树上采摘桑叶，庞统于是在树下与司马徽交谈，从白天一直到夜晚。司马徽十分惊异庞统的才识，赞赏庞统真是南州士子的翘楚，于是庞统名声渐渐显扬开来。

庞统秉性注重人伦道德，尽心尽力于赡养老人、抚育子女。当他夸奖评论他人时，总是言过其实，当时的人都感到奇怪，问他这是为什么，庞统回答说："如今天下大乱，合乎道德规范的道义没人遵守了，好人少而坏人多。要想让社会风俗高尚起来，增强人们道德观念和社会公益心，就要把不值得赞誉的人夸说得更为完美，他们顾忌名声，为了让人们去仰慕仿效，就会多做好事少做坏事，则社会上做好事的人会增加；通过这种方法向社会推广教化，使有志做善事、做好人的人自我勉励，这样做难道不可以吗？"

赞美是最好的口德。

# 12

## 关羽实在太骄傲了

　　做人不能太骄傲、太自大，总以为自己是最厉害的，这样就看不清楚自己所处的位置，从而容易吃亏上当。关羽就是因为太骄傲而吃了大亏。

　　关羽听说马超归降刘备，他过去与马超素不相识，于是便写信给诸葛亮，询问马超武艺才干与谁人可以相比。诸葛亮知道关羽心高气傲，于是回信答道：

民国时期年画《关公夜读书》

"马超文武兼备，勇猛超群，不愧一代人杰，是英布、彭越一类的人物，可与张飞并驾齐驱，但不及美髯公超凡出众、卓尔不群。"关羽蓄着一副漂亮的长须，所以诸葛亮称他美髯公。看了诸葛亮的回信，关羽十分高兴，立刻显摆，把它交给宾客幕僚们传阅。

　　孙权曾派人为自己的儿子向关羽的女儿求婚，关羽辱骂来使，拒绝结亲，孙权十分恼恨。另外南郡太守糜芳驻守江陵，将军傅士仁驻扎公安，两人一向怨恨关羽轻视他们。

　　当关羽领兵出征，孙权派吕蒙攻打荆州，糜芳、傅士仁两人不愿全力救援关羽。孙权已占据江陵，将关羽及其将士的妻儿老小全部俘获，关羽军队于是全部溃散。孙权派部将堵击关羽，在临沮斩杀关羽及其子关平。关羽为自己的骄傲付出了代价。

# 13

## 士别三日，当刮目相看

孙权曾对吕蒙说："你现在担任要职，执掌权力，不能不学习。"吕蒙推辞说军中事多，没有时间学习。孙权说："我难道是要你研究儒家经典，去做博士吗？我只是要你去浏览书籍，了解过去发生过的事情。你说事多，但谁会像我这样忙？我经常读书到很晚呢，也从书中得到很多好处。"于是吕蒙开始读书。

后来鲁肃经过寻阳时，与吕蒙谈话，大吃一惊说："你今天的才干谋略，再不是吴郡那里的阿蒙了！"吕蒙说："士别三日，就应该刮目相看，大哥为什么对这个道理明白得这么晚呢？"鲁肃很钦佩吕蒙，这个成语也流传至今。

# 14

## 不要得罪同事

什么是同事，就是一同做事的人。你得罪同事，工作就难搞了，你上面出力，他下面使绊子，你再怎么努力，也不会有好成绩的。所以在工作中，一定要处理好和同事的关系，这一点陆逊做得非常好。

陆逊开始被任命为大都督时，部下将领，不是老资格，就是皇亲国戚，都很骄傲自大，不服从指挥调度。陆逊要是镇不住这些人，就没法打仗啊，就很严厉地说："刘备是我们的强劲对手。我们应该和睦相处，齐心协力消灭强敌，以报国家；但是，你们却不服从我的指挥，看不起我。我陆逊虽为一介书生，却是受了主公的委任。主公之所以委屈各位做我的部下，是认为我还有一点点可以称道，就是能忍辱负重。你们听我的，大家一起努力；不听我的，有军法处置！"等到大败刘备，众位将领知道计谋多出自陆逊，各位将领才心服口服。

孙权知道这些事情以后，对陆逊说："当初你为什么不向我举报那些不听指挥的人？"陆逊回答得很得体，说："这些将领，或者是陛下的心腹爱将，或者是陛下的得力助手，或者是国家功臣，都是陛下应当依赖、共同成就大业的人。我委曲求全的做法，为的是有利于国家大事。"孙权大笑，倍加赞赏，加给陆逊辅国将军称号，兼任荆州牧，改封为江陵侯。

# 15

## 孙权与陆逊评论周瑜、鲁肃和吕蒙

孙权与陆逊评论周瑜、鲁肃和吕蒙时说："周瑜有雄心大志，胆略过人，因此能打败曹操，攻取荆州，很少有人能够和他相比。

"鲁肃经周瑜的推荐和我相识，我与他闲谈，便谈及建立帝王大业的远大谋略，这是第一件痛快事。后来，曹操借着收服刘琮的声势，扬言亲率水、陆军数十万同时南下，我询问所有将领，请教对策，谁都不愿先回答，问到张昭、秦松时，都说应派使者写好公文，前去迎接。鲁肃当即反驳说不可，劝我迅速召回周瑜，命令他率大军迎击曹操，这是第二件痛快事。此后，他虽然劝我把土地借给刘备，这是他的一个失误，却不足以损害他的两大贡献。周公对一个人不求全责备，所以我忽略他的失误而重视他的贡献，常常将他比作邓禹。

"吕蒙年轻时，我认为他只是不怕艰难，是个不怕死的硬汉；在他年长以后，学问越来越好，韬略常常出奇制胜，仅次于周瑜了，只是言谈议论和才华方面不如他罢了。谋划消灭关羽这一点却超过鲁肃。鲁肃给我的信中说：'成就帝王大业的人，都要利用他人的力量开路，对关羽不值得顾忌。'这是鲁肃实际不能对付关羽，表面却空说大话罢了。我仍原谅了他，没有苛刻指责。可是他行军作战，安营驻守，能做到令行禁止，他的辖区内，官员都尽心尽职，治安良好，路不拾遗，他的治理方法还是很好的。"

孙权的这番评论，是很公正的，这也反映出一件事情，不要小看你的上司，不要认为你的上级都是糊涂蛋，其实他们很聪明，只是有的人喜欢扮猪吃老虎罢了。

# 16

## 小心领导身边的红人

法正胸襟偏狭，睚眦必报，还擅自处死几个毁谤过他的人。有人对诸葛亮说："法正在蜀郡太横行了，将军您应禀告主公，对他的作威作福的行为加以约制。"

诸葛亮回答说："主公在公安时，害怕北面曹操强盛，担心东面孙权威逼，身边又恐惧孙夫人生变，当时的情景真是进退两难、狼狈不堪。法正成为主公的辅佐后，使主公展翅飞腾，不再受人制抑，如今怎么能禁止法正不由自己的意气办事呢？"诸葛亮明知刘备十分信任喜爱法正，故此才这么讲。

与领导的红人交往的过程中，即使做不到巴结，至少也不要得罪他们，毕竟他的权力是依附在某个领导身上，即使他们没有什么可取之处，至少要在表面上对他们表现出一定的尊重，不要试图得罪他们。对待领导身边的红人，能不得罪就不要得罪，在这里，诸葛亮耍了个小心眼，没有直接批评法正。

　　刘备确实喜爱法正，自己当了汉中王，任命法正为尚书令、护军将军。公元220年，法正去世，年仅四十五岁。刘备为法正之死一连痛哭了几天。

# 17

## 风趣滑稽，巧妙劝解

　　简雍年少时与刘备很有交情，公元184年，刘备加入对抗黄巾军的战争，简雍便跟随他奔走。后担任类似说客的职务。后来刘备围攻成都，即派简雍前往劝说刘璋，刘璋于是与简雍同坐一辆车，出城归降。刘备任命简雍为昭德将军。

西周青铜酒器鸭形

　　简雍性情不拘小节，与刘备同坐时，亦盘腿而坐，不理威仪，但求舒服。简雍为人极具幽默、滑稽，即使劝谏也不是针锋相对的，这样容易让领导下不来台，他总是委婉地去劝解。如有次遇上大旱，刘备要下令禁酒，酿酒的话都会有罪。但有官吏从民家搜得酿酒器具，正议论应否将他们与酿酒的人同罚。一日简雍与刘备一同游览，看见一对男女走过，简雍就对刘备说："彼人欲行淫，何以不缚？"（他们就要行淫，何以不将他们缚起？）刘备觉得奇怪，便问道："卿何以知之？"（你又怎知呢？）简雍就幽默地回答："彼有其具，与欲酿者同。"（他们都有行淫的器具，与在民家搜得酿酒器具一样。）刘备听罢大笑，也就放了私藏酿酒器的民家。

# 18

## 做人不可太单纯

曹植字子建，十几岁就诵读《诗经》《论语》以及辞赋几十万字，擅长写文章。曹操很喜欢曹植，曹植因为有才而受宠，曹操好几次几乎要立曹植为太子，可是他任性行事，不掩饰自己，饮酒没有节制。曹植太单纯了，以为有才华就可以取得太子之位，可是他错了。反过来看曹丕，使用权术来对待曹操，矫情表现自己，曹操身边的官人也替曹丕说话，所以曹操终于定下曹丕为太子。

曹植有一次乘车在驰道上行驶，打开司马门出来。曹操大怒，处死了公车令。从那以后加重了对诸侯的约束，而对曹植的宠爱也日渐减

阎立本《历代帝王图》曹丕绘像

93

退。曹操顾虑曹植的势力太大会成为后患，曹植依仗的谋士主要是杨修，曹操为了保住曹丕的太子之位，又因为杨修有才能有智谋，还是袁术的外甥，于是罗织罪名杀了杨修。曹植知道后，心里很惶恐。公元219年，曹仁被关羽围困，曹操派曹植任南中郎将，行使征虏将军职衔，要让他去救曹仁。这是一次多好的表现自己的机会啊，但是被曹植自己搞砸了，他喝醉了酒不能起身，曹操很生气，罢免了他的职务。

公元221年，曹丕即王位，监国谒者灌均迎合曹丕的旨意上奏："曹植醉酒傲慢，劫持要挟使者。"有关部门请求治他的罪，曹丕因为顾及太后，只将他降为安乡侯。

曹植常常自怨自艾，空有一身才能却无处施展，上书请求试用。他到这时候还不知道毛病出在哪里呢，还单纯地希望皇帝任用他呢！公元231年，曹植上书想与魏明帝单独见面交谈，讨论时政，希望能够被试用，最终没得到机会。回去以后，惆怅地绝望了。他不知道，皇帝最不放心的就是他，他不死，皇帝不会安心，还指望重用你吗？

曹植因为总是郁郁寡欢，后因病去世，死时四十一岁。这一切的后果其实都是他自己酿成的，要是自己当初检点一点，登上皇位的就不是别人了。

# 19

## 为民说话，还是为官说话

在封建社会里，大臣的官职是皇帝给的，不是老百姓选举出来的，既然做的是皇帝的官，凡事都要从维护皇帝家的利益出发，否则，就容易引出祸端。

曹丕登基后，卢毓升任黄门侍郎，后又出任济阴相和梁、谯二郡太守。卢毓一心利民，亲自到乡村视察，为老百姓挑选宅地和好田，百姓们非常信赖他。

谯郡是曹氏的故乡，因此曹丕大批移民到谯郡屯田。然而这里土地贫瘠，百姓穷困，卢毓怜悯人民，就上表曹丕，请求把百姓迁徙到土地肥沃的梁郡，没想到这个建议很不合乎曹丕的心意，曹丕虽然批准了卢毓的要求，心中却愤恨不已，不久便将卢毓降了职，让他担任了管理移民的睢阳典农校尉。

卢毓为民说话，没有为官说话，虽然在百姓心目中是好官，但是在当时好官未必有好报，这种情形大概只有在封建社会才有的吧。

# 20

## 想灭亡，先疯狂

魏明帝病重时，将曹爽叫到床前，任命他为大将军，总揽朝政，与太尉司马懿一起接受遗诏辅佐小皇帝。起初，曹爽因司马懿年龄、德行俱高，经常向对待父亲那样敬重他，事事向他请教。

后来何晏等人被皇上任用，他们都拥戴曹爽，说一些重要职位不应交给外人的话给曹爽听。之后，各种政事便很少经司马懿之手了。司马懿知道高处不胜寒，就声称有病，避开了曹爽。

曹爽的饮食住行，都效仿皇上，皇宫里才有的珍玩，他们家也随意摆设，

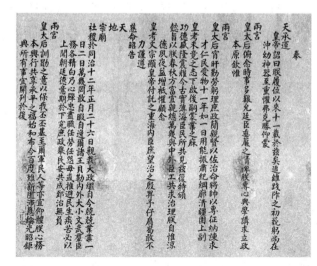

清朝同治亲政诏书

并且妻妾满房，还私自将老皇帝的才人七八人及一些良家女子共三十三人做他的奴婢，养在家中供自己取乐。

曹爽还伪造诏书，擅自将太乐乐器、武器库中的兵器据为己有。又让人挖造一座窟室，用漂亮的丝绸装饰四壁，经常与何晏等人在里面聚会，饮酒作乐。总之，皇帝享用的他要享用，皇帝没有的他也要有。

西方有句谚语："上帝要叫一个人灭亡，必先使他疯狂。"曹爽因为太疯狂了，没想到后果，最后众叛亲离，被司马懿诛杀了。

# 21

# 将军也抵不过身边人

公元262年十月，姜维入侵洮阳，邓艾与他在侯和交战，打败了他。姜维撤兵驻扎在沓中。

当初，姜维投奔蜀汉，身受重任，但是连年兴兵，没有建立什么功绩。黄皓在朝内当政，与右大将军阎宇关系交好，暗地里想废掉姜维而树立阎宇。

姜维知道后，就对汉后主刘禅说："黄皓奸诈巧伪专权任意，将会败坏国家，请杀了他！"汉后主刘禅非常喜爱黄皓，不同意，就说："黄皓不过是在前面往来奔走的小臣，以前董允也常对他切齿痛恨，我常常为此遗憾，你何必介意他！"姜维见皇帝都护着黄皓知道自己得罪不起，说了几句谦恭的话就出来了。汉后主刘禅让黄皓到姜维那里解释、谢罪。姜维知道黄皓心里已经忌恨自己了，从此就更加疑虑恐惧，从洮阳返回后，就要求到沓中去种麦，不敢返回成都。连大将军都要这样来避开皇帝身边的红人，可见古语说的宰相门前三品官，一点也不假，虽然领导身边人没有官职，但是他们的影响力实在不可小觑啊！

# 22

## 少年得志不是好事

诸葛恪是诸葛瑾的长子，他年少时就才智过人。诸葛恪的父亲诸葛瑾脸长似驴，孙权大会朝臣时，让人牵一头驴进殿，用长标签贴在驴脸上，在标签上题写"诸葛子瑜"几个字。诸葛恪跪下说："恳请让我用笔加上两个字。"孙权同意并给了他一支笔。诸葛恪在标签上续写了"之驴"二字，在座的人都欢笑起来，于是孙权将驴给了诸葛恪。

又有一天见到诸葛恪，孙权问他说："你的叔父（指的是诸葛亮）和你父亲哪个强些？"诸葛恪回答说："我父亲强些。"孙权问其原因，诸葛恪回答说："我的父亲知道该为什么人做事，叔父却不知道，所以我父亲要强些。"孙权又欢笑起来。他叫诸葛恪给大家依次敬酒，斟到张昭面前，张昭已有点醉意，不肯再饮，对诸葛恪说："这不是敬老的礼节。"孙权说："你能叫张公理屈词穷，那么他就不得不饮这杯酒了。"于是诸葛恪反诘张昭说："从前太师姜尚九十岁，还执旗持钺，仍未告老。如今领兵作战的事，将军您在后，饮酒吃饭的事，将军您在前，怎能说这不是敬老呢？"张昭终于无话可说，于是饮干杯中的酒。

孙权觉得诸葛恪很不寻常，就任命他为抚越将军，兼丹杨太守，授予他仪仗骑兵三百人。

诸葛恪少年成名，最后却因为一意孤行被人给暗害了，落了个身败名裂。

少年得志意味着未经人世坎坷便意气风发，使人习惯顺境，日后一旦遭遇艰难境遇便容易一蹶不振，信心丧失殆尽，后半生穷困潦倒。有人说少年得志、飞来横财、出身豪门是人生的三大不幸，诸葛恪的经历验证了这一点。

第五章　站得高看得远的达士

　　明眼人是指对事物观察得很清楚的人，有见识的人。明眼人往往能透过表象看到问题的本质，他们的见识往往很深刻，他们的劝告往往一语中的，但是明眼人提出建议时，不是每个人都能接受的。

　　《荀子·非相》中有语："故赠人以言，重于金石珠玉。"意思是说，赠送美言给别人，比送金石珠玉还有意义。一个人虚心听取别人的意见，接受他人的批评指正，能促成自己更加全面地认识事物，获益匪浅。"人非圣贤，孰能无过？"如果听之任之，小毛病也有可能发展为致命伤。很多人之所以世路艰难，就是因为关键时刻没有听取善言。当他人给你忠告时，你能否虚心地去接受呢？

# 1

## 邪教危害非常大

公元183年，钜鹿（郡名，也作"巨鹿"）人（今河北平乡）张角信奉黄帝、老子，自称"大贤良师"，以阴阳五行、符箓咒语为根本教法，号称"太平道"。张角常持九节杖，在民间传统医术的基础上，加以符水、咒语，为人治病。并以此为掩护，广泛宣传《太平经》中关于反对剥削、敛财，主张平等互爱的学说、观点，深得穷苦大众的拥护。张角又派出弟子八人，到四面八方去宣传教义，发展徒众，十余年间，太平道徒众达数十万人。主要是穷苦农民，也有城镇手工业者，个别官吏，甚至宦官。

张角用念过咒语的符水治病，先让病人下跪，说出自己所犯的错误，然后喝下符水。有些病人竟然就此痊愈，于是，人们将他信奉如神明。有的信徒卖掉自己的家产。郡、县的官员不了解张角的真实意图，反而讲张角教民向善，因而为百姓所拥戴。

乱世之中也有明白人，太尉杨赐当时正担任司徒，他上书说："张角欺骗百姓，虽受到免除罪责的赦令，仍不思悔改，反而逐渐蔓延扩张。现在，如果命州、郡进行镇压，恐怕会加重局势的混乱，促使其提前叛乱。应该命令刺史、郡守清查流民，将他们分别护送回本郡，以削弱张角党徒的力量，然后再诛杀那些首领。这样，不必劳师动众，就可以平息事态。"

其实这对于统治者来说，是一条妙计，可以从根本上化解张角的宗教势力。但是，杨赐去职，他的奏章遂留在皇宫，未能实行。马徒掾刘陶再次上书，重提杨赐的这项建议，说："张角等人正在加紧策划阴谋，四方秘密传言说：'张角等偷偷潜入京城洛阳，窥探朝廷的动静。'其在各地的党徒暗地里遥相呼应。

州、郡官员怕如实呈报会受到朝廷的处分，不愿上奏，只是私下相互间通知，不肯用公文的形式来通报。为此，建议陛下公开颁发诏书，悬重赏捉拿张角等人，以封侯作为奖赏。官员中若有胆怯回避者，与张角等人同罪论处。"汉灵帝对这件事很不在意，反而下诏让刘陶整理《春秋条例》。这就错过了最好的时机，最后，爆发了黄巾军起义，从根本上动摇了汉朝的江山。

# 2

## 你不杀他，他就杀你

边章、韩遂在凉州作乱，中郎将董卓去征讨，也没啥效果。公元186年，朝廷派司空张温代行车骑将军职权，西往讨伐边章等。张温上表请派孙坚参与军事，屯守长安。张温以诏书召见董卓，董卓过了好久才来见张温。张温责备董卓，董卓回话很不客气。

孙坚当时也在座，向前与张温耳语说："董卓不怕获罪，反而气焰嚣张，口气很大，应该按照军法'受召不及时到达'一条，按军法杀掉他。"张温说："董卓一向在陇、蜀一带享有威名，现在杀掉他，西进讨伐没有依靠了。"孙坚说：

古画《文姬归汉图》中的匈奴人形象

"您亲领皇家军队，威震天下，还依赖什么董卓？看董卓今天的谈话，轻视长官，举止无礼，是第一条罪状；边章、韩遂胡作非为已一年多，应当及时进讨，而董卓反说不可，动摇军心，是第二条罪状；董卓接受重任而毫无战功，召其前来又滞缓不前，反倒狂妄自傲，是第三条罪状。"

"古代的名将受命统军出征，没有不靠断然诛杀以成功的。现在您对董卓留情，不立即斩杀，必有后患。"张温不忍心执行军法，于是就说："你暂时先回营，免得董卓会怀疑你。"孙坚于是起身离去。

后来，董卓进京，掌控大权，便在朝中散布谣言，诬蔑张温与袁术长期勾结，对抗朝廷。不久，便以"莫须有"的罪名，用鞭杖将张温活活打死。

# 3

# 杀鸡非要用牛刀

何进想杀官中的宦官，但是自己的妹妹何太后护着宦官们。袁绍为何进出谋划策，劝他多召各地的猛将和英雄豪杰，让他们都率军向京城洛阳进发，以此来威胁何太后，何进同意了这一计划。主簿、广陵人陈琳劝阻说："……如今将军身集皇家威望，手握兵权，天下横行，为所欲为。这样对付宦官，好比是用炉火去烧毛发。只要您发动，用雷霆万钧之势当机立断，发号施令，那么很容易达到目的。然而如今反而放弃手中的权柄，去征求外援。等到各地大军聚集时，强大者就将称雄，这样做就是所谓倒拿武器，而把刀柄交给别人一样，必定因小失大，带来大乱。"何进不听。典军校尉曹操听说后笑着说："在官中服务的宦官，古今都应该有，只是君王不应该给予大权和宠信，使他们发展到现在这个程度。既然要惩治他们，应当除去首恶，只要一个狱吏就足够了。何至于纷纷攘攘地征召各地部队呢！假如要想将他们一网打尽，事情必然会泄露，我看此事不妥当。"

这些明智之人的劝解，何进都没听从，他要召董卓率军到洛阳来。侍御史郑泰劝谏认为，董卓为人强悍，不讲仁义，又贪得无厌。假如朝廷依靠他的支持，授以兵权，他将为所欲为，必然会威胁到朝廷的安全。您作为皇亲国戚，掌握国家大权，可以依照本意独断独行，惩治那些罪人，实在不应该依靠董卓作为外援！尚书卢植也认为不应当召董卓，何进都不接受。后来这些人的担心都实现了，董卓进京，大权在握，抚乱了天下。

# 4

# 挟天子以令诸侯

看过三国的人都知道，曹操挟天子以令诸侯，最后获取了天下，其实最早提出这个计策的不是曹操的人。公元 195 年，沮授向袁绍建议说："……如今，将军已基本平定冀州地区，兵强马壮，将士听命，如果您向西去迎接天子，迁都邺城，就可以挟天子以令诸侯，积蓄兵马，讨伐不服从朝廷的叛逆，天下有谁能与您对抗？"

颖川人郭图、淳于琼目光短浅，反驳说："……现在，要是把天子迎接到自己身边，一举一动都要上表奏请服从天子，则自己权力减轻；不服从，则要蒙受违抗圣旨的罪名。这不是上策。"沮授说："现在迎接天子，既符合君臣大义，又是最有利的时机，如果不能早日决定，必定会有人抢先下手。"袁绍没有采纳沮授的建议，也不愿意上头有个皇帝压着他，他还是喜欢一个人说了算。袁绍为了一己之私，最后在争夺天下的过程中，在道义上先输了一成。

# 5

## 称帝要看自己够不够资格

公元196年，袁术听到献帝败于曹阳的消息，就召集部下，商议称帝事宜。部下无人胆敢应对。孙策听到消息后，写信给袁术说："……如今天子并未对天下百姓犯有过失，只是因为年龄幼小，被强臣所胁迫，与商汤和周武王的时代不同。即使像董卓那样贪淫凶暴、欺上凌下、野心极大的人，也还未废黜天子，自立为帝。而天下还是一致痛恨他，何况仿效他而做得更过分呢！……您家中五代连续出任汉朝的三公或辅佐大臣，这在当世任何家族都不能相比，应该忠心耿耿、严守臣节、以报答王室。……称帝的事，从古至今都十分慎重，岂能不深思熟虑！忠言逆耳，异议招致憎恶，但只要对您有益，我都应该说出来。"

袁术开始时自以为拥有淮南的兵众，预料孙策一定会拥护自己。等接到孙策的信后，因忧虑沮丧而生病。他没有听从孙策的意见，孙策便与他断绝了关系。后来袁术称帝没几天，就兵败死去了。

# 6

## 吕布的小毛病很多

在《三国演义》里，吕布是公认的三国第一猛将，他武艺虽高，但人品不高，通过几件事可以看出来。

　　公元 197 年，泰山盗贼首领臧霸攻陷莒县，得到很多粮草钱财。臧霸曾答应送给吕布一部分，但没有送到，吕布就亲自前去索取。吕布的部将高顺劝阻吕布说："将军威名远扬，远近畏惧，想要什么会要不到，何必自己去索取财物！万一不成，岂不损害威名吗！"吕布不听。吕布到莒县后，臧霸等不知吕布的来意，坚守城池，抵御

汉代画像砖中的战争场面

吕布，吕布战胜不了，只好空手而归。由此事可见吕布注重小利，不注重大节。

　　吕布性情不稳定，反复无常，高顺每每劝他说："将军行动，不肯多加思考，忽然失利后，总会找借口来推卸，但错误怎么可一再发生呢？"吕布知道他忠于自己，但不能采纳他的意见。

　　其实，真实的三国历史中，吕布是很勇猛，但未必就是三国第一猛将，他也不是常胜将军，失败也是常有的事，并且人格不高尚，只是在《三国演义》中被拔高了而已。

# 7

## 凭嘴皮子得到一座城

　　孙策统大军准备进攻豫章郡，驻扎在椒丘，他对功曹虞翻说："华歆虽有

名望，但不是我的对手。如果他不开门让城，一旦发动进攻，不会没有死伤。请你就在他的面前，讲明我的意思。"虞翻就先去拜见华歆，劝说一番："……孙将军智谋出众，用兵如神。以前，他攻破扬州刺史刘繇，是您亲眼所见；再向南平定我们会稽郡，您也一定听说过。如今，你要固守孤城，自己已知粮草不足，不早作打算，后悔就来不及了。现在孙将军大军已到椒丘，我这就回去，如果明天中午迎接孙将军的檄文还没送到，后果不堪设想啊。"这番话恩威并施，华歆也知道自己很危险，就说："我久在江南，常想北归家乡，孙将军一到，我就离开。"于是，华歆连夜赶写迎接孙策的檄文，第二天一早，就派人送到孙策军前。孙策领军进城，按照子弟的礼节拜见华歆，将华歆尊为上宾。

虞翻仅凭一番话就攻下了一座城，一方面口才了得；另一方面也是华歆很明智，听得劝，否则，下场恐怕会很惨。

# 8

## 良禽择木而栖，贤臣择主而事

俗话说：良禽择木而栖，贤臣择主而事。意思是说，君子遇事之时应看清在哪儿才能使自己的聪明才智得到最大程度的运用，这就要求不能被动地接受领导，要学会去选择领导，选择一个知人识人的好领导。

起初，郭嘉去见袁绍，袁绍对他十分礼敬。郭嘉住了几十天，对袁绍的谋臣辛评、郭图说："有志之士要审慎地选择主人，才能保全自己，建立功业。袁绍只想仿效周公姬旦礼贤下士，却不懂得用人的方法。事务繁杂，却缺少重点；喜欢谋略，但优柔寡断。要与他共同拯救天下的大难，建立霸王之业，太困难了。我将另投明主，你们为何不离去呢？"辛评、郭图说："袁氏家族对天下有恩德，人们多来归附，而且现在他的势力最强，不在他手下，还要去投奔谁？"郭嘉知道说不动他们，便独自离去。后来，曹操召见郭嘉，与他谈论天下大事，高兴地说："使我成就大业的，一定就是此人！"郭嘉和曹操谈话出来后，也高兴地说："这就是我的主人！"曹操上表推荐郭嘉为司空祭酒，郭嘉也为曹操成就霸业出了不少好计策。

# 9

## 郭嘉看透了刘表

公元 207 年，曹操准备出兵征讨乌桓，将领们都怕大军外征乌桓，刘备劝说刘表乘虚袭击许都，万一出事，就后悔不及了。郭嘉安慰众人，对曹操分析刘表说："……刘表不过是个只会坐在那里发议论的人，他自知才干不能驾驭

曹操北征乌桓（河南许昌曹操博物馆）

刘备，重用刘备则害怕控制不住，轻用则刘备不会为他所用。因此，即使我们调走全国兵力远征，您也不必担忧。"曹操也同意郭嘉的看法，不想失去这个机会，于是出兵追击袁尚、袁熙。

大军进发到易县，郭嘉提议说："兵贵神速，如今远涉千里进行奇袭，辎重太多，难以掌握先机。而且假如乌桓人得到消息，必然加强戒备；不如留下辎重，军队轻装以加倍的速度疾进，出其不意地进攻。"

果然，曹操出兵北伐乌桓时，刘备劝刘表发兵袭击许都，刘表不能用他的计策。等听到曹操得胜班师的消息，刘表对刘备说："没有听你的话，结果失掉这个大好机会。"刘备心里有气，但是表面上安慰刘表说："如今天下分裂，战争不断，机会的到来，还会有很多的。要是能不放过以后的机会，则这次也不足以遗憾。"

# 10

## 刘璋不听劝

东汉末年，天下饥荒，法正与同郡人孟达一同进入四川依附刘璋，过了很久才被任命为新都县令，后来被召到成都代理军议校尉。法正得不到重用，感到很不得志。益州别驾张松与法正十分友好，张松暗想跟着刘璋不会有什么作为，常常暗自叹息。

张松出使到荆州见曹操归蜀后，劝说刘璋与曹操断绝关系而与刘备结盟。后来刘璋听说曹操打算派遣兵将进攻张鲁而心怀恐惧，于是张松趁机劝刘璋应当迎请刘备入蜀。

刘璋的主簿黄权向刘璋劝说，迎刘备入川等于开门放虎，后果不堪设想，但是刘璋不听劝，从事广汉人王累将自己倒悬在州城城门上向刘璋进谏，一手执谏章，一手仗剑，说：如果不听劝谏，就自己割断绳索，撞死于地上。刘璋不理会，王累就自己割断绳索，撞死于地。就这样也没能阻止刘璋迎接刘备。

事情发展果然如同黄权、王累预见到的，刘备率军北上葭萌，接着又率军掉头南返进攻刘璋，一路节节取胜。这时，郑度劝说刘璋："刘备领孤军进袭我们，百姓尚未向他归附，全靠临时征集民间的粮草，军队严重缺乏物资。对付他们最好的计策是把巴西、梓潼两地的百姓全部迁往涪水以西，把那里田地里、粮仓里的粮食全部烧掉，修筑高垒深挖壕沟，静静地等待他们的到来。他们来后，向我们挑战，我们坚守不出，他们时间一长就会断绝粮草供应，不出一百天，必然自行退走。他军一退，我军进追，这样即可生擒刘备。"刘备听到这一消息甚为愤恨，问法正如何应对。法正说："刘璋最终不会听用郑度的计谋，将军不必担忧。"刘璋果然如法正所料，对他的部下说："我只听说出军抗敌以保护百姓，未听说迁徙百姓以躲避敌人。"于是罢免郑度，不用其计。

公元214年，刘备进军围困成都数十日，刘璋开城投降，终于喝下了自酿的苦酒。

# 11

## 大丈夫终不与老兵同列

黄忠随刘备军队入川，后刘备与刘璋决裂，黄忠受任进攻成都，作战时不顾年迈，身先士卒，立下了很多功劳。益州定后，被封为讨虏将军。公元219年，刘备北攻汉中时，老将黄忠在定军山战役中，对着曹军将领夏侯渊的精英部队，仍带领士卒奋勇杀敌，更斩杀魏国名将夏侯渊，大败曹军，被升为征西将军。同年，刘备称汉中王，改封黄忠为后将军，赐关内侯，与张飞、马超、

黄忠
老将说黄忠收川立大功重披金
鏁甲双挽铁胎弓胆气惊河壮
威名镇蜀中

绣像本《三国演义》中的黄忠形象

关羽同位。

刘备派遣费诗前往荆州任命关羽为前将军，关羽听说黄忠为后将军，十分生气地说：“大丈夫终不与老兵同列！”不肯接受任命。

费诗对关羽说：“创立帝王事业的人，所任用的人才并非都会是一样的，从前萧何、曹参与汉高祖从小就是亲密老友，而陈平、韩信都是逃亡而后来的，论他们在朝中所排位次，韩信居位最高，但未听说萧何、曹参因此有过任何怨言。如今汉中王以一时间的功劳，对黄忠厚加恩宠崇敬，然而内心里难道真会把他与您同等看待吗？并且汉中王与您，譬如一体，同休共戚，祸福同当，我要是君侯您的话，就不会去计较这些官号的高低、爵禄的多少了。我乃一介使臣，奉命行事之人，您若真不受封，如是我便回京，只是对您的举止颇为惋惜，恐怕您有后悔之日啊！”

关羽这个人是很骄傲，但是不傻，听后觉得有道理，就接受了任命。

# 12

## 叫狗不咬人

有句俗谚说：咬人的狗不会叫，狂叫的狗不咬人，这句话也可以引申到人身上，往往咋呼得厉害的人胆子其实不大。

公元218年，曹洪将要攻击吴兰，而张飞驻军固山，声称要切断曹军的后路。曹洪和将领们商议，犹豫不决。骑都尉曹休大概知道这条谚语，就说："张飞等人若确实要切断我军后路，应该派军队隐蔽行军，而现在却先大造声势，而实际上做不到，这是很清楚的。我军应该趁敌人尚未集结，迅速攻击吴兰，吴兰被击败，张飞自然退走。"曹洪听从了这一建议，进军击败吴兰军，斩杀吴兰。果然，张飞、马超撤退，原本就是想吓唬曹洪一下，但是没成功。

# 13

## 教训你是为你好

曹操多次出兵攻东吴的濡须，孙皎常常带兵抵御，号称精锐。后升任都护征虏将军，替代程普督夏口。孙皎曾因为小事与甘宁争吵负气，有人劝说甘宁，甘宁说："作为人臣大家是一样的，征虏将军虽是公子，但凭什么专行侮辱人呢？我服侍明主，只应尽力效劳，以报答君主厚遇，确实不能世俗般地屈从无理之人！"

孙权听说此事后，写信责备孙皎说："自从我与北方为敌，中间已有十年了，起初与北方相对立时你还年纪小，现在已将近三十的人了。孔子有言'三十而立'，不只是指学习五经的事。让你统率精兵，担当大任，统领诸将于千里之外，是想你如楚国任用昭奚恤一样，扬威于北部边境，不是白白地让你放纵个人意志。

"最近听说你与甘兴霸（指的是甘宁）饮酒，因酒醉发作侵犯了他，他请求归属吕蒙管辖。此人虽说粗鲁豪放，有不尽人意的地方，然而他总还算是个大丈夫。我亲近他，并非偏爱他。我亲近爱护他，你却疏远憎恶他，你所做的常与我的做法相背离，这样可以长久吗？居家待人以敬，行事讲求简明，就可以统治百姓；以仁爱待人，能宽容大度，就可得众人拥护。对此二事都不理解，怎么能够统率大军在远地抵御敌人、解救危难呢？……"孙皎收信后，很听劝告，也知道为他好，就上疏表示谢罪，于是与甘宁结交，两人成了朋友。

# 14

# 有钱人不坐房檐下

薛综为尚书仆射。当时公孙渊先是投降东吴后来又投向魏国，反复叛变好几次，孙权十分愤怒，想亲自出军征讨。

薛综上表劝谏说："帝王之人，乃万邦元首，天下人以其维系生命的人。故此他的居住要重置门户敲击木柝以戒备意外；他的出行则清洒道路节制车马速度以形成威严气势，这就是为了平安福运，镇抚四海。……谚语说'千金之子，坐不垂堂'（意思是家中积累千金的富人，坐卧不靠近屋檐处，怕被屋瓦掉下来砸着），何况万乘之尊呢？现在辽东戎貊小国（貊，北狄的别称。泛指西北

少数民族）没有坚
固的城池和防御的
措施，武器不锋利，
军队散乱如犬羊之
群，前往必能获胜，
的确像圣明诏书所
言。然而其地寒冷
贫瘠，谷物无法生
长，民众习惯乘马，
迁移漂泊无常。突
然听说大军降至，
考虑打不过我们，

西汉透雕龙凤涡纹玉璧

就会远远逃走，一人一马都看不见，虽然获得无人的空地,守着它无什么益处……
中原一旦平定，辽东必然自行灭亡，只需拱手以待而已。如今却要违背必然的
规律，自找最危的险阻，忽视九州的稳定。发泄一时的愤怒，既不是社稷的重
大决策，又为创业以来所未有之事，这正是百官们想劝谏的原因。……"孙权
听了这番劝说，感觉有道理，再加上当时朝臣多有劝谏，便没有出征北行。

# 15

## 百姓虽愚但不可欺骗

　　骆统外任建忠中郎将，带领武射吏三千人。及至凌统去世，骆统统领凌统
的军队。当时税征徭役繁多，加之瘟疫流行，民户减少，骆统上奏说："……
每次征调劳役，那些贫穷人家负担沉重的人先被派送。稍有财产的人，就出家

中钱财来行贿赂，不顾倾家荡产。轻率剽悍之人就逃亡深山险恶之地，与盗匪为伍。

"百姓困苦虚竭，饥号愁躁，忧愁烦躁就不安心生产，不安心生产则更加招致贫穷，更加贫穷则生活毫无乐趣，故此口腹饿急了，则奸邪之心萌生，而叛逆之众越来越多。

"又听说在民间，如果家中生活不能勉强自给的话，生下儿子，大多不去抚养，就连那些屯田兵士，因为贫困也有很多人抛弃孩子。上天送育这些孩子，而做父母者却将他们杀害，……民兵不断减损，后生者不得养育，这不是坚持长久年月，最终取得成功的好情景。

"国家有百姓，犹如船行水上。水平静则船安稳，水搅动则船不安，百姓虽愚但不可欺骗，虽弱但不可强压。所以圣明君主都重视他们，是因为祸福由他们所决定，故此做君主者要沟通与百姓的信息，以便根据时事民情来制定合宜政策。……"

孙权看了奏章，也知道不能竭泽而渔焚林而猎，对他的意见特别重视，也减轻了对百姓税负和劳役。

# 16

## 赵云劝刘备，刘备不理会

关羽被孙权夺取荆州，自己也被杀害。刘备为关羽的被杀深感耻辱，准备进攻孙权。翊军将军赵云劝说："国贼是曹操，而不是孙权。如果先灭掉魏，则孙权自然归服。如今曹操虽然已经死去，他的儿子曹丕窃夺了汉朝的皇位。我们应当顺应民心，尽早夺取关中，占据黄河、渭水上游，以利于征讨凶顽叛逆，函谷关以东的义士，一定会自带军粮，驱策战马迎接陛下的正义之师。

我们不应置曹操而不顾，先和孙权开战。两国战端一开，不可能很快结束，这不是上策。"

大臣中劝谏的人很多，刘备都不同意。广汉郡一个不愿为官的士人秦宓，上书陈述天时对蜀军必定不利，因此而被治罪入狱拘押，后来才被赦免。刘备一意孤行，带兵进攻东吴，被陆逊打败，自己也病重而死，这都是不听劝告的后果，也拖累了蜀国的发展。

# 17

## 喝酒可以，别耍酒疯

吴王孙权爱喝酒，每次都酩酊大醉，常带大臣们一起喝，大臣们喝醉了，就令人把冷水洒在大臣们身上，使他们清醒后继续再喝，孙权说："今日畅饮，不醉倒在钓台上，我们不停杯！"张昭板着面孔、一言不发地出去，坐在车子里。孙权派人将张昭叫回来，对他说："大家不过是共享欢乐，您为什么发怒？"张昭回

古画中的饮酒图

答说："以前商纣王做糟丘和酒池，通宵饮酒，当时也以为很快乐，没想过有什么不好。"孙权深感惭愧，一言不发，就停止了酒宴。

还有一次，孙权和大臣饮酒，亲自起身行酒劝饮，虞翻装醉倒地，孙权过去后，他又坐了起来。孙权一看，认为虞翻不给自己面子，于是大怒，手握宝剑要刺虞翻，在座的大臣无不大惊失色。只有大司农刘基上前抱住孙权劝谏说，吴王说："曹操尚且杀死孔融，我杀个虞翻又算得了什么！"刘基说："曹操轻率地杀害士人，因而受到天下人的谴责。大王推行德行礼仪，要和尧、舜比高下，怎么能够把自己和曹操相提并论呢？"虞翻这才免去了一场灾祸。孙权也知道自己错了，就向手下人命令："从今后，凡我在酒后下令杀人，都不得执行。"但是并没戒酒，看来是个爱喝的主儿。

# 18

## 没有永远的仇恨，只有永恒的利益

公元 223 年，刘备进攻东吴，兵败去世，刘禅登基。东吴和魏国结盟，形式对最弱小的蜀国很不利。邓芝对诸葛亮说："如今皇上年幼弱小，刚刚继位，应派重要使臣到东吴再次申明和好的愿望。"诸葛亮一直没有合适的人选，现在一看邓芝这么说，知道他适合当使者，就让邓芝以中郎将的身份与东吴重建友好关系。

十月，邓芝到达东吴。当时孙权犹豫不决，不知道该不该和魏国断绝关系，重新和蜀国和好，所以没有立即接见邓芝。邓芝明白孙权的心思，就上表请求接见，说："臣下这次来，也是为吴着想，不仅仅只为蜀的利益。"孙权这才接见了他，说我也愿意与蜀和好，可是恐怕蜀国君主幼弱，疆域小，势力弱，给魏以可乘之机，你们无法保全自己啊。

邓芝对他说："我们两国占有四个州的地域。您也是当世的英雄，诸葛亮也是一代人杰。蜀国地势险要，防守坚固，吴国有长江等三条大江的阻隔。两国的优势加在一起，联合起来如同唇齿相依，进可兼并天下，退可与魏鼎足而立，这是很自然的道理。假如您归附于魏，魏一定会进一步提出无理要求，逼您去魏国朝拜，还会要求太子做人质，如果不服从，便以讨伐叛逆为借口，发动进攻，蜀则顺流东下，趁机进攻你们，到那时，江南之地可就不再为您所有了。"孙权衡量很久，同意了邓芝的说法，于是下决心和魏断绝关系，专心与蜀汉和好。虽说两国刚打完仗，但是两国实力都比不上魏国，相对于魏国这个大威胁，两个弱国只有联合，才能自保，这也验证了：世界上没有没有永远的仇恨，只有永恒的利益。

# 19

## 选官要选什么样的人

魏明帝对华而不实的官员深恶痛绝，下诏给吏部尚书卢毓说："选拔举荐人才时，不要唯名是取，名声如同地上的画饼，只能看不能吃。"卢毓说："凭名声选拔，不足以得到奇异的人才，但可以得到一般的人才；一般的人敬畏教化、仰慕善行，然后才会出名，不应当痛恶这样的人。……"

明帝颁布诏书让散骑常侍刘邵制定考课法，下诏让百官讨论。司空掾北地人傅嘏说："设置官吏分担职责，管理百姓，是治国的根本。依照官职考查官员的实际工作；依照规章进行督促检查，是治国的细枝

明代官员画像。多伦多皇家安大略博物馆藏

末节。大纲不举而抓细小之事，不重视国家大政方针，而以制定考课之法为先，恐怕不足以区分贤能和愚昧，显示出明暗之理。"久议不决，此事就没有实行。

卢毓议论人才及选举之事，都是优先考虑德行品质而后再谈才干。黄门郎冯翊人李丰曾经就这个问题问卢毓，卢毓说："才干是要用来行善的，所以大才干能够成就大的善行，小才干能够成就小的善行。如今只说是有才而不能行善，这样的才干是不适合做官的！"李丰佩服他的见解。

关于德和才，司马光论述说："德胜才者谓之君子，才胜德者谓之小人，自古以来，国之乱臣，家之败子，才有余而德不足也。"

所以说，选择官员，还是要"德"字在前。

# 20

## 卫觊明白为何忠臣少

魏明帝曹睿继位，卫觊被晋封为阌乡侯，食邑三百户。

当时老百姓的生活十分困苦，还要没完没了地服劳役。卫觊就上疏给明帝说："……君主喜欢谁，谁就飞黄腾达，君主厌恶谁，谁就会贫贱而亡；喜欢来自顺从君主的旨意，厌恶来自违背君主的意志。因此做臣子的都争着顺君旨而避免逆君意，除了那些肯于破家为国、杀身成君的忠臣良将，谁敢顶撞君主，触犯忌讳，提意见建议，阐一家之言呢？请陛下悉心观察，那么我说的这种情况您就不难看出。

"武皇帝在世的时候，后宫里吃饭时只能有一种带肉的菜，衣服不用锦绣，褥垫不加花边，器物不涂丹漆，因此能够平定天下，造福子孙。这些都是陛下亲眼见过的啊。当前应该做的事，就是君臣上下，一起出谋划策，统计核查国库里的物资，量入为出。……"

卫觊本来是让魏明帝减少花费，不要太奢侈，但是在奏章里却揭示了为何当官的谄媚的多，正直的少的原因，因为只有顺从才有好日子过，不顺从就有可能"破家杀身"啊。

# 21

## 不听老人言，吃亏就不远

公元 251 年十一月，孙权知道自己活不长了，开始考虑辅政大臣的人选。孙峻于是推荐了诸葛瑾的儿子大将军诸葛恪。孙权就将镇守武昌一带的诸葛恪调回建业。诸葛恪临行时，和他同样驻扎在武昌的上大将军吕岱（三国第一寿星，活到了九十六岁，此时九十一岁）告诫这个年轻人："你这次回去，凡事要小心，务必十思而后行。"诸葛恪不以为然，说："古人云三思而后行，孔夫子更是说过思考两遍就可以了。如今您让我十思，明明是看不起我啊！"吕岱见他不听劝，只好苦笑两声。其实，自从孙权在废立太子后，东吴宫廷充满了不和，而群臣更是分崩离析各自结党。这样的内部环境危机四伏，吕岱劝诸葛恪小心点不是多余的。诸葛恪因掉以轻心，最后落了个被诛杀的下场。不听老人言，吃亏就不远啊。

# 22

## 良言难劝执迷不悟

公元 263 年，邓艾带领奇兵从阴平出发走了七百余里的无人之地，凿山开路，架桥梁建阁道，到达江油，蜀国守将马邈没想到魏军会出现在大后方，就投降了。诸葛瞻率诸军抵御邓艾，到达涪县后，停住不进。尚书郎黄崇是黄权之子，他屡次劝说诸葛瞻应迅速前进占据险要，不让魏军进入平地，诸葛瞻犹豫不决没有采纳；黄崇再三劝说，甚至流着眼泪劝说，诸葛瞻仍然不听。于是邓艾长驱直入，击败诸葛瞻的前锋，诸葛瞻退兵驻扎在绵竹。邓艾写信劝诱诸葛瞻说："如果投降，必定表奏你为琅邪王。"诸葛瞻大怒，杀掉邓艾的使者，排列阵势以等待邓艾进攻。邓艾派儿子惠唐亭侯邓忠攻其右翼，派司马师纂等人攻其左翼。邓忠与师纂战斗不利，都撤兵而还，说："敌兵还不能攻破！"邓艾大怒，说："存亡之别就在此一举，有什么不能的。"怒叱邓忠、师纂等人，说再攻不破就要杀了他们。邓忠、师纂跑回来再战，大败敌兵，杀了诸葛瞻和黄崇。诸葛瞻之子诸葛尚叹息说："我们父子蒙受国家重恩，没有早点杀了黄皓，致使国败民亡，活着还有什么用！"于是骑马冲入敌阵而死。诸葛瞻的犹豫不决导致了失败的结果。

　　三国时期，黄巾起义，讨伐董卓；官渡之战，孙策攻取江东；赤壁之战，刘备攻取巴蜀，形成三国鼎立格局。这一切都离不开战争，三国这段时期就是攻掠杀伐的历史。战争的危害是巨大的，人口减少、文明破坏。但是凡事有利也有弊，战争也有一定的好处。战争，首先的好处就是促进国家的统一，其次就是促进民族的文化交流与融合，最后对科技的进步，社会的发展也有极大的推动作用。

　　战争的胜利往往包含着多方面的原因，大到军队的实力，小到令敌方忽视的小计策。不过，最为根本的因素还要回归到人的因素上。三国时期的战争就涌现出了许许多多的英雄人物，时至今日仍为人们敬仰和赞颂，也正是这些英雄人物的事迹和感召力，才使三国这段历史被人们熟知和传颂。看三国就是看这些英雄人物，本章我们来看看他们拉风的表现。

# 1

## 见识有高有低

公元 188 年十一月，王国包围陈仓（今陕西宝鸡东）。汉灵帝任命皇甫嵩为左将军，统率前将军董卓，共有军队四万人，去抵抗王国。董卓劝皇甫嵩赶紧救援。皇甫嵩说："不然，百战百胜，不如不战而胜。陈仓虽小，城墙坚固，守卫严密，不容易攻破。王国兵力虽强，但攻不下陈仓，部众必然疲乏，我们乘他们疲乏，发动攻击，这是获得彻底胜利的策略，不用这么着急去救援！"果然，王国围攻陈仓八十余天，未能攻破。

公元 189 年二月，王国的部队疲惫不堪，解围撤退。皇甫嵩下令进军追击，董卓说："不行。兵法上说：'穷寇勿迫，归众勿追。'"皇甫嵩说："不然，以前我们不进攻，是躲避他们的锐气；现在发动进攻，是他们士气已经低落。我们现在所攻击的是疲惫之师，而不是'归众'；王国的部队正要逃走，已无斗志，并不是'穷寇'。"于是皇甫嵩独自率军进击，命令董卓做后援。皇甫嵩连续进攻，大获全胜，斩杀一万多人。董卓因为见识不如皇甫嵩，自己大为羞惭恼恨，从此与皇甫嵩结下仇恨。

# 2

# 孙坚斩杀都督华雄

　　"温酒斩华雄"是《三国演义》中的一个经典情节。描述的是华雄耀武扬威、不可一世，在潘凤等大将接连被华雄斩杀之时，关羽主动请缨前去战华雄，在一杯温酒尚未冷却的极短时间内斩杀华雄，关羽从此名震诸侯。这只是演义故事，真实的历史不是这样的，华雄不是被关羽杀的，而是被孙坚杀的。历史上的孙坚十分勇猛，不仅斩杀了华雄，还打败了吕布。

　　公元191年二月，孙坚率军移驻梁县以东，被董卓部将徐荣打败，他又收集残部进驻阳人。董卓派遣东郡太守胡轸统率步、骑兵五千人，攻打孙坚，任命吕布为骑督。胡轸与吕布不和，孙坚出来迎战，大破胡轸，斩杀他部下的都督华雄。

　　孙坚回到驻地，董卓派将军李催劝说孙坚，表示愿与孙坚结成儿女亲家，孙坚说：

古画中的关羽和周仓

"董卓逆天无道，我今天要是不能灭掉你，让天下知道，我就死不瞑目，怎会与你结亲！"孙坚继续进军，董卓亲自出击，与孙坚在诸陵园之间交战，董卓败逃，退守渑池。孙坚进入洛阳，进攻吕布，吕布也被打败，退走。由此可见孙坚的厉害，《三国演义》中把很多孙坚的英勇事迹转嫁到了别人身上。

# 3

# 孙策的英雄本色

孙策向袁术借兵，袁术知道孙策对自己心怀不满，但由于当时扬州刺史刘繇占据曲阿，会稽郡太守王朗守在本郡，他认为孙策不一定能将他们击败，于是同意了孙策的请求，给了他父亲孙坚的老部队一千余名步兵和数十名骑兵，孙策一边走一边招兵，到达历阳的时候，已经增加到五六千人。这时，周瑜的伯父周尚为丹阳郡太守，周瑜很欣赏孙策，就率兵迎接孙策，并援助他军费和粮草。孙策非常高兴，说："我得到你的帮助，一定能成功！"

孙策渡江以后，辗转作战，战无不胜，没有人能抵挡住他的攻势，百姓听到孙策的威名，都很害怕；各地官员弃城出逃，躲到深山之中。等到孙策到来，军队奉有命令，不拿群众一针一线，不能进行掳掠，民间的一只鸡、一条狗、一棵蔬菜，都不能碰触。于是民心大为欢悦，争先用牛肉和美酒去慰劳孙策的军队。孙策相貌英俊，性格豁达，能接受别人的意见，善于使用人才，所以很快就打败刘繇，平定很江东很多地方，为将来孙权坐镇江东打下了良好的基础。

《三国演义》中孙策绰号叫"小霸王"，看来还真是名副其实。

# 4

# 曹操起家的资本

青州的黄巾军攻掠兖州,兖州刺史刘岱准备出兵迎击。济北国相鲍信劝阻他,百姓恐慌,士兵没斗志,不能对付敌人。固守城池,敌军求战不得,攻城不下,势必离散。刘岱不听,率军出战,被黄巾军杀死。

曹操的部将东郡人陈宫前去劝说别驾、治中等主要官员,说:刘岱已死,曹操是一代英才,假如迎接他做刺史,必然能够使百姓安宁。鲍信等也有同样的看法,便与州中官吏迎接曹操兼任兖州刺史。

曹操随后率军到寿张县东攻击黄巾军,未能取胜。黄巾军骁勇精悍,而曹军则兵力单薄。曹操稳定军心,鼓舞士气,严明赏罚制度,并且连设奇计,昼夜不停地会战,每次都杀伤不少敌军,于是黄巾军退出兖州。曹操追击黄巾军到济北,黄巾军全体投降。曹操得到兵士三十余万人,男女一百余万口。这个数字,多半有水分,但是曹操确实获得不少人口。曹操从中挑选精锐,称为"青

《射鹿图》中的骑射景象。美国大都会美术馆藏

州兵"，后来这些兵成为曹操军事力量的骨干，这就是曹操的"第一桶金"，也是曹操起家的资本。

# 5

# 典韦雄壮勇武

看过《三国演义》的人都知道吕布是"天下第一"，民间的确有"一吕二赵三典韦"的说法，说是吕布武功第一、赵云第二、典韦第三。这里就说说历史中的典韦。

公元 194 年，曹操进攻吕布。吕布有一支部队驻在濮阳以西，曹操乘夜袭击，将其击溃。还未来得及撤回，正遇上吕布前来援救。吕布亲自冲锋陷阵，自清晨一直战到太阳偏西，两军相持不下，十分危急。曹操招募壮士去突击敌阵，司马陈留人典韦率领那些应募壮士在阵前抵御吕布军队的进攻。吕布军中弓弩齐发，箭如雨下。典韦毫不畏惧，手执铁戟，大喊着冲入敌阵，杀死敌人无数，吕布的军队开始后撤。这时天色已晚，曹操才得以率军退回自己的营寨。回营后，曹操提升典韦为都尉，命他平日率领亲兵数百人，在自己的大帐左右负责警卫。典韦雄壮勇武，部下都是精选的士卒，每次战斗，总是先冲上去攻陷敌阵。典韦升任校尉，性格忠诚谨慎，总是白天在曹操身边侍立，夜晚睡在大帐左右，很少回到自己的帐中歇宿。典韦好使大双戟和长矛等兵器，军中为他编了顺口溜说："帐下壮士有典韦，提一双戟八十斤。"

公元 197 年正月，曹操率军讨伐张绣，张绣袭击曹军，杀死曹操的长子曹昂。曹操被流箭射中，狼狈败逃。典韦在营门里死战，叛军攻不进去，就散开从别的门一拥而入。当时典韦身边校尉还有十多人，都拼死战斗，无不以一当十。叛军越聚越多，典韦用戟左右攻击，一戟过去，就有十几支矛被击断。部下死伤殆尽，典韦也受伤十处，用短兵器肉搏，敌兵冲上前，典韦用双臂夹住两人打死，剩下的敌兵不敢上前。典韦又冲上前去突击敌人，杀死几人，最后因伤重发作瞪起眼睛大骂张绣而死。敌人这才敢上前，割下他的头，互相传看，又返回来看他的躯体。曹操退到舞阴，听说典韦战死，痛哭流涕，派间谍取回他的遗体，亲自到跟前哭泣。

# 6

# 许褚力气大

许褚是三国时期魏国武将。自曹操平定淮、汝一带时开始跟随曹操，与典韦一起统领虎卫军，负责曹操的护卫工作，他相貌雄伟刚毅，勇气、力量大得惊人。

汉朝末叶，许褚聚积青年人和自己宗族几千家坚壁清野抵抗贼寇。那时候汝南、葛陂一带的强盗一万多人来进攻许褚的壁垒，许褚人少打不过，拼死力战疲劳已极，弩箭也用光了，就叫壁垒中的男女老少，把石头堆成盂斗的形状放在壁垒四角上。许褚用石头投掷敌人，被打的敌人都是头破血流，不敢上前，双方相持不下。许褚缺少粮食，佯装同敌人讲和，用牛和敌人交换食物，强盗来取牛，牛却跑回去了。许褚当即冲出阵前，一手倒拽牛尾，走了一百多步，强盗们大惊，便不敢取牛而逃跑了。从此，淮河、汝水、陈国、梁国一带，听说这件事的人都惧怕他。

后来，曹操巡行淮、汝一带，许褚率部众归顺曹操，曹操认为他很雄壮，说："这是我的樊哙。"当天就任命他为都尉，引进自己行营担任警卫。军中因为许褚力大如虎却不聪明，称他为虎痴。

# 7

## 关羽用的不是青龙偃月刀

《三国演义》里面写到关羽斩颜良、诛文丑，十分威武，其实史书上不是这么记载的。

袁绍派大将颜良到白马进攻东郡太守刘延，曹操于是率军疾速向白马挺进，颜良前来迎战。曹操让张辽、关羽先去交战。在两军阵前，关羽远远地望见大将军颜良华丽的战车麾盖，关羽骑着快马冲入敌人的阵地，颜良没想到有人冲过来，没反应过来就被刺死并斩首。后面的文丑与刘备带领五六千骑来了。曹操放马诱敌，文丑手下军士抢夺军马，部队大乱，曹操纵马杀出，大破敌军，斩杀文丑，未提关羽半字。

关羽确实勇猛，但是这里还有一个疑问，看过《三国演义》的人都知道，关羽的兵器是青龙偃月刀，其实不是，在汉末，骑马用刀作战者，均用环首刀，属短兵器，刀直窄长，长约一米，柄首均是与刀颈连铸一起的环形。类似现在的马刀向下劈砍，即使关羽用刀，也只能用这种刀。长柄大刀至唐宋才出现，并且这种刀很重，只能日常作练武之用，不能用于战阵。实际上，关羽根本是不用刀作战的，《三国志》上说：策马刺良，斩其首还。与关羽生活在同一时代的陈寿说得很明白，一个"刺"字就足以证明关羽是不用刀的，而是矛。

# 8

## 舅舅和外甥

公元 202 年五月，袁绍去世。袁尚命令自己任命的河东太守郭援联合高干、匈奴南单于等进攻河东，并派使者游说马腾，马腾暗地里答应了。曹操任命的司隶校尉钟繇（郭援的舅舅）立刻率兵在平阳包围了南单于，尚未攻克时外甥郭援带着大军又来作对。钟繇寡不敌众，有人劝钟繇撤兵逃命，钟繇不同意，派人去马腾那里，劝说马腾来帮忙。面对两边的拉拢，马腾犹豫不决，但最终不敢冒着反叛朝廷的罪名帮袁氏兄弟，就派儿子马超领军去帮钟繇。

郭援轻敌冒进，在汾河被一举击溃。马超的勇将庞德亲自斩杀了郭援，只是不知道杀的是谁；钟繇只听说外甥被杀，也活不见人死不见尸。晚上收兵后，庞德的口袋里滚出一颗人头，钟繇一见是郭援的人头，当即放声大哭。庞德吓坏了，连忙道歉。钟繇收住眼泪说："他虽然是我外甥，现在却是国家的反叛，公事公办，将军你又何必道歉！"为了各自的阵营，亲戚最终成了敌人。

# 9

## 兵败之时不要慌乱

俗话说，忙中出错，越是在危急关头，越是要冷静，否则会越来越乱。

张绣再次反叛，曹操战斗失利，败退回舞阴。部队溃乱，士兵偷偷地各自寻找曹操，只有于禁约束几百名部下的士兵，且战且退，虽有负伤战死的也不许散开。敌人追击减慢了一些，于禁徐徐整理队伍，敲着战鼓回营。还没回到曹操驻地，途中看到十多个衣衫不整的伤兵正在逃跑。于禁问他们缘故，回答说："被青州兵劫持。"当初黄巾军投降的时候，号称青州兵，曹操对他们很宽容，所以敢趁机抢掠。

于禁非常愤怒，对部下发布命令说："青州兵也属曹公统辖，还敢做贼吗？"便领兵声讨他们，责备他们的罪过。青州兵很快跑到曹操那儿去告状。于禁抵达后，先设立营垒，没有按时去拜谒曹操，有人劝他说："青州兵已经告了你的状了，应该赶快去曹公那里分辩。"于禁说："现在敌人还在后面，不一定什么时候就会追来，不先防备，用什么来抵抗敌人呢？况且曹公明智，他们诬告我又有什么用！"等到壕沟营垒都安排就绪，于禁才进去拜见曹操，把事情经过一一禀报。

曹操很高兴，对于禁说："这次危难，我已经惊慌失措，将军能在混乱当中整顿军队，责讨抢掠的暴行，安营筑堑坚守阵地，有不可动摇之节操。即使是古代的名将，也不可能做得更好！"于是记录于禁前后的功劳，封他为益寿亭侯。

# 10

## 水军将领的勇猛身姿

我国是世界上使用船作战最早的国家之一。早公元前 1027 年，周武王伐纣时，便曾用四十多艘大船将几万将士从孟津成功渡河，直捣商朝都城朝歌，灭亡了商朝。那时的战船，还主要是作为运输工具。

春秋时期，为了适应水网地区作战的需要，南方的吴国、越国、楚国和北方面临东海的齐国，先后建造和改装战船，抽调官兵进行水上训练，中国古代水军真正产生。到了西汉时期，中国战船得到了进一步发展，其性能已超过当时西方任何国家。

　　那么，古代水战是什么样子的呢？这里举两个例子。

　　甘宁向孙权献计，可攻破黄祖。公元208年，孙权西征黄祖。黄祖用两艘以生牛皮包裹的狭长的蒙冲战船（蒙冲为一种外形狭而长的小型战船，船身周围设有护板，士兵皆藏身在船体内，船体外部包裹生牛皮作为防护，能防火攻，船侧有开孔让士兵划桨，因此在火箭飞石的攻击下仍能前进，船体的前后左右则开有弩窗、矛穴，以让船内士兵向外射击弩箭，或伸出长矛进行格斗）封锁沔口，用粗大的棕绳捆住巨石，作为碇石，固定船身。船上有一千人，用弓弩向外轮流发射，孙权军队无法上前。偏将军董袭与别部司马凌统都是孙权的先锋，各率敢死队一百人，每人身披两副铠甲，乘大船，闯入黄祖的蒙冲战船之间。董袭抽刀砍断两根棕绳，蒙冲战船模漂在水上，让开道路，孙权大军才得以前进。黄祖命令都督陈就率水军迎战。孙权部将平北都尉吕蒙统率前锋，亲手斩下陈就的人头，悬挂示众。于是吴军将士乘胜猛追，水陆并进，逼近夏口城，出动全部精锐部队猛攻，攻陷夏口城。黄祖突围而逃，被追上杀死。

　　三国时期著名的水军战役，除了孙权破黄祖，赤壁之战外，还有一场值得观赏的战斗。

　　公元280年，杜预向江陵进发，进攻东吴。吴人把江边浅滩上的要害区域用铁索拦住，还打造了一丈多长的大铁锥暗中放进江里，用以阻挡战船。王濬造了几十个大木筏，每一个木筏的长、宽都有一百余步。王濬让人扎了许多草人，草人披铠甲，拿兵器，放在大木筏上，让水性好的人与木筏走在前面，遇到铁锥，铁锥就扎到木筏上，被木筏带走了。王濬又造了许多大火把，火把长十几丈，有几十围粗，用麻油浇在火把上，把火把放在船的前面，遇到铁索就点燃火把，一会儿工夫，铁索就被火把烧得融化而断开，于是战船就无所阻挡。由于水军的失利，东吴自己的优势兵力都被打败了，只能被晋国消灭。

# 11

## 周瑜坚决抵抗曹操

《三国演义》里面说，曹操伐荆州出兵五十万人，合并荆州军二十八万人，在赤壁之战中，曹军总兵力是八十三万人。周瑜身为东吴大将，并没有被曹操的大军吓倒，他是主战派，主张坚决抵抗，打败曹操。这里我们分析一下，赤壁之战曹操究竟带了多少兵马？

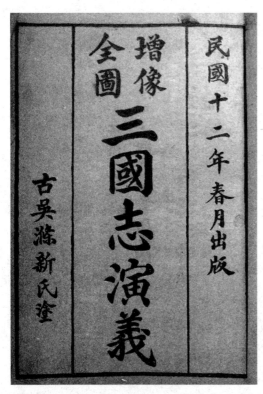

民国时期印刷的《三国志演义》

按照正史，曹操伐荆州出兵约三十万人，合并荆州军不足十万人，投入赤壁前线的只有二十万人左右。北方留守兵力不多，估计在十万至二十万人。

我们来看看当时周瑜的分析。

孙权召回周瑜，周瑜来到后，劝孙权不能投降，要和曹操对战，孙权拔出佩刀，砍向面前的奏案，说："将领官吏们，有胆敢再说应当投降曹操的，就与这个奏案一样！"于是散会。当天夜里，周瑜又去见孙权，说："众人只看到曹操信中说有水、陆军八十万人而各自惊恐，不再去分析其中的虚实，就提出向曹操投降的意见，太不像话。现在咱们据实计算一下，曹操所率领的中原部队不过十五六万人，而且长期征战，早已疲惫；新接收的刘表的部队，至多有七八万人，仍然心怀猜疑。以疲惫的士卒，驾驭心怀猜疑的部众，人数虽多，却并没有什么可怕的。我只要有五万精兵，就足以制服敌军，望将军不要顾虑！"孙权这才安心地准备抵抗曹军。在这里，周瑜的分析应该是安慰孙权，可能是取虚数，但曹操的实际兵力肯定在四十万人以下。

# 12

## 将军黄盖的火攻计

在《三国演义》中记载：三国时期，东吴的大将黄盖受命诈降到曹操的军营，为了取信于曹操，周瑜故意借故痛打黄盖一顿，让黄盖假装气愤而投敌。庞统劝曹操将战船连在一块，给周瑜利用火攻创造条件，最终孙刘联盟取得赤壁之战的胜利。这也留下了一个歇后语，周瑜打黄盖——一个愿打、一个愿挨。

真实的历史书上，周瑜没有打黄盖。历史是这样的：

刘备进驻夏口，委派诸葛亮前往拜谒孙权。孙权于是派遣周瑜与程普等与刘备合力迎击曹操，两军相战于赤壁。这时曹操军队的士卒不少人染有疾病，刚一交战，曹军即败，退兵驻扎长江北岸。周瑜等驻军长江南岸。

周瑜的部将黄盖说："如今敌众我寡，难以与之进行持久战。然而观察曹军战船全都首尾相接，可以用火攻将其烧毁打败。"于是周瑜调拨几十艘大船战舰，船内装满柴草，在柴草上浇满油膏，外面罩上帷幕，上面插上牙旗，先让黄盖写信给曹操，欺骗说要前来投降。又预备一些轻便快捷的小船，分别系在大船的尾后，于是船队依次向前驶去。

当时东南风正急，黄盖将几十艘战船排在最前面，到江心时升起船帆，其余的船在后依次前进。曹操军中的官兵都走出营来站着观看，指着船，说黄盖来投降了。离曹军还有二里多远，那几十艘船同时点火，风助火势，船像箭一样向前飞驶，把曹军战船全部烧光，火势还蔓延到曹军设在陆地上的营寨。顷刻间，到处都是大火，曹军人马烧死和淹死的不计其数。周瑜等率领轻装的精锐战士紧随在后，鼓声震天，奋勇向前，曹军大败。刘备、周瑜水陆并进，追赶曹操直到南郡。曹操就留下将军曹仁、徐晃镇守江陵，乐进镇守襄阳，自己率军返回北方。

# 13

## 鲁肃单刀赴会

《单刀会》是元代关汉卿所作。剧情是：三国时，鲁肃为了索还荆州，请关羽赴宴，暗中设下埋伏，并请关羽故人司马徽前来陪宴劝酒，司马徽拒绝，并告诫鲁肃不可鲁莽行事。关羽接到请帖后明知是计，仍旧带周仓一人单刀赴会，关平、关兴带大军在江边接应。席间二人言辞交锋，鲁肃不能取胜。关羽智勇双全，震住鲁肃，令他不敢动用埋伏的军士，最后安然返回。这只是戏曲的演绎，和历史事实不相符，真实的历史什么样子呢？

公元215年，鲁肃准备与关羽会谈索取荆州，将领们恐怕发生变故，劝鲁肃不要去。鲁肃说："事到如今，最好的办法是开导、劝说。刘备忘恩负义，是非还没有最后的结论，关羽又如何敢再打算谋害我的性命！"于是，邀请关羽会面，各自在百步以外止住自己的部队，只有双方的将领带佩刀相见。鲁肃责备关羽不返还三郡，说："我们主公可怜刘备无处守身，不吝惜土地和百姓的劳役，使刘备有了落脚之地，帮助他解决了困难。而刘备却自私自利，虚情假意，损坏我们的友好关系。现在他已得到益州，有了力量，又要兼并荆州土地，这样的事连普通人都不忍心做，何况领导一邦的领袖人物！"关羽也知道理亏，无话可答。

正这时，有人说魏公曹操将要攻打汉中，刘备恐怕失去益州，派使者向孙权求和。孙权命令诸葛瑾答复刘备，愿再度和好。于是双方以湘水为界，分割了荆州：

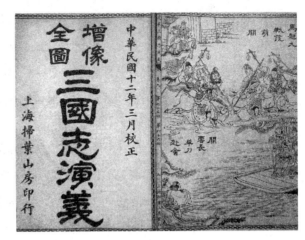

民国绣像本三国演义

长沙、江夏、桂阳以东归属孙权；南郡、零陵、武陵以西归属刘备。

《三国志》中的记载在演义中也都谈到了，鲁肃邀请关羽相见是单刀赴会也是史实，但是史书中的单刀赴会其实是双方，但是在《三国演义》中只写了关羽的单刀赴会，而弱化了鲁肃的单刀赴会，这样能凸显关羽的英雄气概。这或许就是历史和小说的不同之处吧。

# 14

## 生子当如孙仲谋

宋代辛弃疾有首词《南乡子·登京口北固亭有怀》：何处望神州？满眼风光北固楼。千古兴亡多少事？悠悠。不尽长江滚滚流。年少万兜鍪，坐断东南战未休。天下英雄谁敌手？曹刘。生子当如孙仲谋。

孙仲谋就是孙权，生子当如孙仲谋这句话是曹操说的，意思是夸赞孙权。这句话是什么时候说的呢？

公元212年，吕蒙听说曹操打算再次东征，劝说孙权在濡须水口的两岸修建营寨。将领们都说："上岸攻击敌军，洗洗脚就上船了，要营寨有什么用？"吕蒙说："军事有顺利之时，也有失利之时，不会百战百胜，如果敌人突然出现，步骑兵紧紧逼迫，我们连水边也到不了，难道能上船吗？"孙权说："很对！"于是，下令修筑营寨，就称作濡须坞。

公元213年正月，曹操大军攻到濡须口，号称步、骑兵四十万人，攻破孙权设在长江西岸的营寨，俘获孙权部下的都督公孙阳。孙权率领七万人抵抗曹军，两军相持一个多月。曹操看到孙权的战船、武器精良，军队严整，叹息说："生子当如孙仲谋！若刘景升儿子，豚犬耳（生儿子应当像孙权，至于刘表的儿子，不过是猪狗）！"孙权写信给曹操，说："春水正要上涨，您应当赶快撤军。"另附的一张纸上写着："足下不死，孤不得安（您不死，我就不能安宁）。"曹操对部将们说："孙权没有欺骗我啊！"于是撤军返回北方。

# 15

## 儿子英雄，老子好汉

先前，河西一带骚乱，到处都是土匪贼人。敦煌太守马艾死在任上，太守府里又没有郡丞。功曹张恭学问、品行一向都好，郡人便推举他管理长史的事，张恭就派儿子张就往东去见曹操，请求委派新太守。

当时酒泉郡的黄华、张掖郡的张进都各占本郡，要与张恭分庭抗礼。张就到了酒泉，被黄华扣押，用刀相威胁，张就终不屈服，私下给张恭写信说："大人治理敦煌，忠义显然。难道因为儿子在困厄之中就放弃了自己的初衷吗？从前乐羊吃了他儿子的肉做成的羹，李通全家人都被王莽杀害，治国的大臣岂能顾念妻子儿女呢？如今大军很快就要抵达这里，您应率兵从后面牵制黄华。希

敦煌出土画像砖骑猎图

望父亲不要因为爱儿子，而使儿子白白死去。"

　　张恭爱惜儿子，但是没有屈服，就派堂弟张华领兵攻打酒泉郡沙头、乾齐两县，张恭又连续派兵紧接着张华的后面，准备前后支援。另派二百名铁骑，迎接新来的官吏家属，还有新任太守尹奉。

　　黄华企图救援张进，又顾忌西部张恭的部队攻击后路，所以不敢前去救援，只好投降了。张就也因此保全了性命，尹奉得以到郡就任。公元 220 年，汉献帝下诏，赐张恭关内侯的爵位。

# 16

## 谁说书生百无一用

　　陆逊是温文尔雅的一介书生，后来帮助吕蒙夺取了荆州，受到孙权器重。

　　公元 222 年，刘备以替名将关羽报仇为由，挥兵东征东吴孙权，气势强劲。

孙权求和不成后，决定一面向曹魏求和、避免两线作战；一面派陆逊率军应战。孙权命令陆逊为大都督，率五万人马抵御刘备。刘备从巫峡、建平至夷陵边界，连接扎营几十座，先派吴班带领数千人在平地扎营，想以此向吴军挑战。

东吴各将都想进击吴班，陆逊说："蜀军此举必定有诈，暂且观察一下。"刘备知道自己的计谋不得逞，于是带领八千名伏兵，从山谷中撤出。

众将领都说："进击刘备应当在他刚进军的时候，如今让他深入境内五六百里，相互对峙七八个月，很多要害关隘都被他们控制坚守，现在出击必然对我们不利。"陆逊说："刘备是个狡猾的敌人，很有谋略，他的军队刚刚集结时，考虑精密用心专一，不可轻易进犯他。如今他驻扎时间很长了，没有占到我们的便宜，军队疲惫情绪沮丧，再也想不出新的计策，打击这种敌人，现在正是时候。"于是陆逊先出兵进攻蜀军一处营寨，未得到便宜。众将领都说："这是白白让兵卒去送死。"陆逊说："我已掌握到打败敌人的办法了。"于是命令全军将士每人拿着一把茅草，用火攻的办法攻破蜀军的营寨。

刘备的营寨都被烧掉了，陆逊率领各军同时进攻，斩杀蜀将多人，攻破蜀军四十多处营寨。刘备的将领杜路、刘宁等走投无路而被迫请降。

刘备登上马鞍山，列阵布军防守。陆逊督促各军四面收围紧逼，蜀军溃不成军，大部死伤和逃散，车、船和其他军用物资丧失殆尽。刘备乘夜突围逃遁，行至石门山（今湖北巴东东北），被吴将孙桓部追逼，几乎被擒，后卫将军傅彤等被杀。

唐代孙位《高逸图》中的书生文人

后依赖驿站人员焚烧溃兵所弃的装备堵塞山道，才得以摆脱追兵，逃入永安城中（又叫白帝城，今四川奉节东）。

陆逊顾忌曹魏方面趁机

浑水摸鱼、袭击后方，遂停止追击，主动撤兵。九月，曹魏果然攻吴，但因陆逊早有准备，魏军终于无功而返。次年四月，刘备恼羞于夷陵惨败，一病不起，亡故于白帝城。夷陵之战就这样结束了。

# 17

## 八百步兵打败十万敌军

曹操征讨孙权回朝后，命张辽与乐进、李典等率领七千多人去合肥屯驻。不久，孙权带领十万兵马包围了合肥。张辽准备趁敌人尚未集中的时候立刻迎击，挫伤他们的气势，以后就可以防守了。李典也赞成张辽的意见。于是张辽连夜招募敢死的士兵，得到八百人。杀牛犒劳将士，决定明日大战。

天一亮，张辽披甲持戟，率先攻入敌阵，连杀几十名敌兵，斩杀了两名敌将，大声喊着自己的姓名，冲入敌军营垒，直到孙权的旗帜之下。孙权大惊，手下人也很害怕，逃上山顶，用长戟阵护住自己。

张辽呵斥孙权来接战，孙权不敢动。望见张辽带领的兵士少，孙权的部下渐渐聚拢，把张辽层层包围起来。张辽左右突围，奋勇向前，冲开缺口，部下几十人随着冲出。余下的士兵高声号叫："将军要抛弃我们吗？"张辽反身再次突破重围，救出余下的士兵，孙权的人马没有敢阻挡他的。大概《三国演义》里的赵云大战长坂坡就是取材于张辽的故事。

从清晨战到中午，吴兵的士气完全丧失了，退回去修筑防御工事。大家的心情才安定下来，众位将军都很钦佩张辽。孙权包围合肥十多天，看到不可能攻破，便领兵撤退了。张辽率领各路人马追击，几乎再次捉住孙权。曹操深深为张辽的勇武而感动，封他为征东将军。

公元225年，曹丕追怀张辽、李典在合肥的战功，下诏说："合肥的战役，张辽、李典凭着八百步兵，打败了十万敌军，自古以来用兵，没有这样的战例。使敌人至今威风扫地，可以称作国家的爪牙了。分赐给张辽、李典食邑各一百户，赐他们每人一子关内侯的爵位。"

# 18

## 战争胜负取决于将领

纵观历史，不难发现，将帅的性格修养对其军事指挥，军事决策，能否取得战争的胜利有着重大而深刻的影响！

朱桓接替周泰为濡须督。公元 222 年，魏国派遣大司马曹仁率领步、骑兵数万进军濡须，曹仁打算用兵袭击攻取濡须口水洲上吴军营寨，却先放出消息，说要东往攻打羡溪。

朱桓分出部分兵力赶赴羡溪，兵卒已出发，突然得到曹仁已进军至濡须仅离七十里的消息。朱桓赶紧派人去追回去羡溪的部队，部队未赶到，曹仁大军已突然杀来。

当时朱桓手下以及所率兵卒只有五千人，诸位将领心中畏惧，朱桓安抚他们说："凡遇两军交战对阵，胜负取决于将领，不在兵卒多少。……如今敌人既非智勇之将，加之他的士卒都很胆怯，又千里徒步跋涉而来，人疲马惫，而我与各军共据守在高城，南面濒临大江，北面背靠山陵，以逸待劳，作为主人抵制敌人，这是百战百胜的优势。……"众将心里才开始找回自信，朱桓偃旗息鼓，外表上显示自己兵力薄弱，以此诱骗曹仁前来。

曹仁果然派遣他的儿子曹泰攻打濡须城，另分派将军常雕督领诸葛虔、王双等，乘坐油船另外袭击中洲。而中洲是军中将领家属所在的地方。

曹仁亲自率领万人作为曹泰等人的后盾。朱桓所部兵将攻取油船，或分队攻击常雕等，朱桓等人则亲自前迎抵御曹泰，烧毁曹营后敌军败退，于是斩杀常雕，生擒王双，押送武昌，在战斗中斩死和溺死的敌兵千余人。

将乃军中之魂，为将善战者，能以一敌百，率军高歌猛进；为将善谋者，能神机妙算，令敌人步步受制，从而控制整个局面。战争胜负取决于将领，而不是人数多少。

# 19

## 几万兵马攻打一千多兵

公元 228 年十二月，诸葛亮率领大军从散关出发，包围陈仓，陈仓早已有准备，诸葛亮没能攻下来。诸葛亮让郝昭同乡人靳详在城外多次劝说郝昭，郝昭对靳详说："我认识您，箭可不认识您。"靳详只好返回。诸葛亮自以为几

王振鹏（元）《诸葛亮武侯出师表》（局部）

141

万兵马，而郝昭才有一千多兵众，又估计东来的救兵未必就能赶到，于是进军攻打郝昭，架起云梯，郝昭带人用火烧，云梯燃烧起来，梯上的人都被烧死，郝昭又用绳子系上石磨，掷击蜀军的冲车，冲车被击毁。诸葛亮就又制作了百尺高的井字形木栏，向城中射箭，用土块填塞护城的壕沟，想直接攀登城墙；郝昭又在城内筑起一道城墙。诸葛亮又挖地道，想从地道进入城里，郝昭又在城内挖横向地道进行拦截，昼夜攻守相持了二十多天。

魏明帝召见在方城的张郃，命他攻击诸葛亮。明帝摆下酒席为张郃送行，问张郃："等将军赶到，诸葛亮是不是已经取得陈仓呢？"张郃了解诸葛亮深入作战缺乏粮食，屈指计算一下说："等到我到了那里，诸葛亮已撤走了。"张郃日夜兼程赶路，还没到达，诸葛亮的粮食已尽，领兵退去；将军王双追赶，被诸葛亮击杀。郝昭凭借一千人马对抗诸葛亮的几万兵马，而没有落败，明帝为了奖赏他，就颁布诏书赐郝昭关内侯的爵位。

# 20

## 关键时刻不能掉链子

《孙子·计》："攻其无备，出其不意。"在对方毫无心理、物质的准备状态下，给予迅速的攻击，胜利的机会更大。

魏国派三路兵马袭击吴国。王昶进攻南郡，毌丘俭进攻武昌，胡遵、诸葛诞率七万大军攻打东兴。吴国太傅诸葛恪率兵四万人，日夜兼程，救援东兴。胡遵等人命令各军做浮桥渡水，陈兵于大堤之上，分兵攻打两城；由于城在高峻险要之处，不能很快攻破。

诸葛恪派冠军将军丁奉和吕据等人为前锋，从山的西面攻上。丁奉对各将领说："现在各部队行动迟缓，如果魏兵占据有利地形，就难以与他正面争锋了，我们应该快速攻上。"于是让各路军马从道路上避开，丁奉亲自率领属下三千人快速突进。当时正刮北风，丁奉扬帆行船两天就到达了东关，随即占据了徐塘。当时漫天飘雪，十分寒冷，胡遵等人正在聚会饮酒。丁奉见魏军前部兵力稀少，就对手下人说："求取封侯赏爵，正在今天。"于是让士兵们都脱下铠甲，丢掉长矛大戟，只戴着头盔拿着刀和盾牌，裸身爬上堤堰。魏兵看见他们，都大笑不止，而不立即整兵对敌。吴兵爬上之后，立即击鼓呐喊，袭击攻破魏军前部营垒，吕据等人也相继赶到；魏军惊恐万状四散奔逃，争相抢渡浮桥，浮桥毁坏断裂，魏兵跳入水中，互相践踏着逃跑。魏军前部督韩综、乐安太守桓嘉等人都沉没在水中，死者数万人。吴国缴获魏军的车辆、牛马、骡驴等都数以千计，资材器物堆积如山，大胜而归。

# 21

## 邓艾的分析有道理

邓艾是三国末期最为杰出的军事家，其才能可比诸葛亮与司马懿。邓艾在战争中目光远大，见解超人，具有难得的战略头脑。作战中料敌先机，始终能掌握战场的主动权，在与姜维的数次交战中未尝败绩。

公元 256 年正月，蜀汉姜维升任为大将军。姜维在钟提，人们议论多认为他兵力已经衰竭，不能再次出征。但安西将军邓艾分析了五点原因，说："我们在洮西的失败，并不是小的损失，士卒伤残严重，十分衰弱，粮食仓库也已经空虚，百姓们流离失所。如今从谋略方面说，他们有乘胜进军的实力，而我们的现状却虚弱不堪，这是一；他们官兵上下相互熟悉，兵器齐备而犀利，而我们更换了将领，更新了士兵，兵器也不完备，这是二；他们是坐船行进，而我们是陆地行军，劳逸不同，这是三；狄道、陇西、南安、祁山各地都应当有人守卫,他们是专门进攻一处,而我们却分守四方,这是四;他们从南安、陇西进军可以就地食用羌人的粮食,如果向祁山进军,那里成熟的麦子有千顷之多,足以成为他们的外部粮仓,这是五。敌人素来狡黠善于算计,他们来进攻是必然的。"

七月,果然姜维再次率兵出祁山,听说邓艾已有防备,就撤兵返回,从董亭奔向南安;邓艾据守武城山来抵抗姜维。姜维与邓艾争夺险要之地未能成功,当天夜里,他渡过渭水向东而行,沿山向上行进,邓艾又与姜维在段谷交战,把姜维打得大败。魏国任命邓艾为镇西将军,都督陇右诸军事。

# 22

## 将在外可以相机行事

阎立本《历代帝王图》晋武帝司马炎

公元272年,晋武帝授予王濬龙骧将军职,掌管益州、梁州各项军事。晋武帝命令王濬解散屯田军,大量建造战船。别驾何攀认为,屯田只不过有五六百人,不能很快地把船造出来,后面的船还没有造成,前面造好的船也已经朽烂了。应当召集各郡士兵,凑足一万多人造船,年终就能完成任务。王濬想先向上报告请示,何攀说:"朝廷突然听到要召集一万名兵士的消息，肯定不会同意。不如先自作主张马上去办，假如被拒绝，工程人力已定局，其趋势已不能阻止了。"王濬听从了何攀的话，命令何攀掌管制造战船及所需用具、兵器。

制作的大战船，船身长度为一百二十步，能容纳二千余人，用木头造成楼，筑起望敌军的高台，四面开出可以进出的门，船上可以骑着马往来奔跑。王濬还命人在船头画上鹢鸟怪兽，来震慑江神。一年就完成了造船任务，使王濬水军"舟楫之盛，自古未有"，为实现"水陆并进"灭吴提供了重要的军事力量。

# 23

## 陆抗与羊祜斗智

陆抗因江陵以北道路平坦开阔，命令江陵督张咸兴造大坝阻断水流，浸润平地以断绝敌人侵犯和内部叛乱。羊祜想借大坝阻住的水用船运送粮草，就故意扬言要破坝以通过步兵。陆抗听到这个消息，知道羊祜的实际用意，就让张咸疾速毁坏大坝，诸将都迷惑不解，多次谏阻陆抗也不听。结果羊祜到了当阳，听说大坝已毁，只好改用车子运粮，耗费了许多人力和时间。

羊祜每次与吴国交战，都要约定日期才开战，不做乘其不备、突然袭击的打算。将帅当中有要献诡诈计谋的人，羊祜总是给他喝醇厚的美酒，使他酒醉不能说话。羊祜的军队外出在吴境内行走，割了谷子做口粮，全都记下所取的数量，然后送去绢偿还。每次与部众在长江、沔水一带打猎，经常只限于晋的领地，如果禽兽先被吴人所杀伤而后被晋兵所得，都要送还吴人。于是吴国边境的百姓对羊祜心悦诚服，其实这是羊祜的一种对抗谋略。

羊祜与陆抗在边境相对，双方的使者常奉命相互来往，陆抗送给羊祜的酒，羊祜喝起来从不生疑；陆抗病了，向羊祜求药，羊祜把成药送给他，陆抗也马上就服下。许多人谏阻陆抗，陆抗说："怎么会有用毒酒杀人的羊祜？"陆抗对守边的士兵说："别人专门行恩惠，我们专门作恶，这就等于不战而自己就屈服了。现在双方各自保住疆界就可以了，我们不要再想占小便宜。"吴主听说双方边境交往和谐，就以此事责难陆抗，陆抗说："一邑一乡都不可以不讲信义，更何况大国呢！我如果不这样做，正是显扬了羊祜的恩惠，对羊祜毫无损伤。"

其实两国交战，比的并不全是武器先进，有时候也是人心的较量，对方实行仁义，自己施行暴政，结果只会把自己的人民送给对方，失去人心支持，战争还指望胜利吗？

# 24

## 兵不在多而在精

公元 279 年正月，鲜卑族首领秃发树机能攻陷了凉州。晋武帝在朝廷上问道："有谁能为我征讨此虏？"司马督马隆上前说道："陛下如能任用我，我能平定秃发树机能。"晋武帝说："我可以用你，但是我想知道你打算怎么办啊？"马隆说："我打算招募三千名勇士，不管他们从哪儿来、从前是干什么的，率领他们向西去，一个秃发树机能都不够我打的。"晋武帝同意了。于是任命马隆为讨虏护军、武威太守。

官员们都说："我们目前的兵员就已经很多了，不应当再任意地设立赏格与招募，马隆这个小将不过是胡说，不值得相信他。"晋武帝不听。马隆招募的标准是，只要能拉开一百二十斤力的弓，能拉开相当于九石力的弩，就录取。他立下标准考试挑选，从早晨到中午，招了三千五百人，马隆说："足够了。"又请求亲自到武器库里去挑选兵器，专门挑精良的武器，武库令愤怒地和他吵了起来。御史中丞向皇帝告发马隆，马隆说："我将要到战场上尽力效命，武库令却给我魏时的朽烂兵器，这可不是陛下委派我的用心。"晋武帝下令，武器库中的兵器任由马隆挑选，仍然供给他三年的军用物资，然后就派他出发了。

马隆这时带领的都是精兵，他们向西渡过温水，秃发树机能等人带领几万名部众凭借险阻抵抗。因为山路狭窄，马隆就造了扁箱车，还造了木屋，置于车上，边作战边前进，走了一千多里，打得敌人死的死，伤的伤，损失惨重。自从马隆西去，音信断绝，朝廷为他担忧，有的人说他们已经死了。后来马隆的使者夜里到了，晋武帝拍着手高兴地笑了，知道已经胜利了。清晨，召集群臣对他们说："假如听从了诸位的意见，就没有凉州了。"于是下命令，赐给马隆符节，授官宣威将军。十二月，马隆与秃发树机能大战，杀了秃发树机能，凉州于是平定。

别人不明白的时候你明白了，别人刚明白的时候你行动了，别人刚行动的时候你成功了，这就是先见之明！聪明人总是远见卓识，他们看得懂、看得准、看得远。三国时期有很多聪明智慧之士，他们总是比别人看得远，总是料敌于先或者预判准确，这种能力与他们了解天下大势和人性是分不开的。

有句话说：你能看多远，你就能走多远。我们可以通过三国时期这些智者的预谋故事，来提高自己的素养，增强自己的预见力。

# 1

## 华歆见识就是不凡

华歆字子鱼，平原郡高唐县人。同郡人陶丘洪也是个知名人士，自认为见解和智慧超过华歆。

公元188年五月，冀州刺史王芬与一些豪杰人物谋划废掉汉灵帝，他们先把计划告诉曹操，希望曹操也来匡扶大业，但曹操知道后，写了一封信拒绝了王芬："这废立皇帝的事，是天下间最不祥的。……"王芬在曹操那儿碰壁后，接着又暗地里喊上平原名士陶丘洪、华歆一同制订计划。陶丘洪想要前去，华歆劝阻他说："废立皇帝是一件大事，连伊尹、霍光都感到为难。王芬性格疏忽又不勇敢，这次必定不能成功，灾祸将要涉及族人，你还是不要去！"陶丘洪听从了华歆的话没有去。后来灵帝命令王芬解散已集结的士兵。不久，征召

古画中东汉末期的人物风情

王芬到洛阳去。王芬害怕，就解下印绶逃亡，跑到平原时自杀了。

等到王芬果然失败，陶丘洪这才服气。汉灵帝时，华歆举孝廉，任郎中，后因病就辞去官职，因为他知道汉朝如同风中残烛，残喘不了几天了，提前为自己准备了后路。

# 2

# 曹操种地是个好主意

公元196年，曹操争霸天下迈出了关键的两步。第一步，他把汉献帝迁到许都，取得了"挟天子以令诸侯"这个无与伦比的政治优势；第二步，与政治上的成功相对应的是，经济上他开始实行屯田。

汉末天下大乱，各地的农民没人能够安心地从事耕作生产。诸侯们都为军粮所困扰而无法制定长远的规划。缺粮时就抢，有粮时也不知道珍惜。袁绍的军队靠采桑葚充饥，袁术的人马靠捡河蚌当饭吃。曹操也缺过粮食，因此，当他征服兖州迎接到天子，就集中全力开始解决军粮的问题。

公元192年十二月，曹操诱降了青州的百万黄巾军，缴获了大量的生产工具和劳动人口。曹操俘获的黄巾军都是农民起义军，种田耕地本来就是他们的本行。曹操在许昌附近实行屯田。招募到农民在以许昌为中心的地区耕作，得谷百万斛。曹操逐渐推广了这一做法，各个州郡都任命了田官，招募流民屯田，后来更在司马懿的建议下开始了军屯。正因采取屯田措施，北方的

三国时期的农具

社会开始转向稳定，曹操也基本上摆脱了军粮短缺带来的困扰，东征西讨再无后顾之忧。

兵马未动粮草先行，没有粮草，很难打仗，手中有粮心中不慌，打仗也有本钱。

# 3

## 用败兵去击败军

公元 198 年三月，曹操准备再次进攻张绣。到达安众，刘表和张绣共同对付曹操，曹军腹背受敌，曹操于是乘夜开凿险道，假装要逃跑。刘表、张绣率领全部军队前来追击，曹操布下埋伏，命步兵与骑兵前后夹击，大破刘表与张绣联军。

张绣追击曹操时，贾诩阻止他说："不能去追，追则必败！"张绣不听，派兵去追，果然大败而回。贾诩登上城墙，对张绣说："赶快再去追击，再战必胜！"张绣很纳闷：现已大败，怎么还要再追？贾诩说："兵势变化无常，听我的，快去追击！"张绣一向信服贾诩的话，就收拾残兵败将，再去追赶。果然得胜而归。张绣很不解，就问贾诩原因在哪里？贾诩说："你虽善于用兵，但不是曹操的对手。曹操军队刚开始撤退，必然亲自率军断后，所以知道将军必败。曹操进攻将军，既没有失策之处，又不是力量用尽，却一下子率军撤退，一定是他的后方发生了变故。他已击败将军的追兵，必然轻装前进，而留下其他将领断后。其他将领虽然勇猛，却不是将军的对手，所以将军虽然率败兵去追击，也必能获胜。"用兵之道没有一定之规，按照书本或者常规思考是行不通的，贾诩的一番理论让张绣大为敬服。

# 4

# 料事如神的贾诩

公元 199 年，袁绍派使者去拉拢张绣，并给张绣的谋士贾诩写信，表示愿与贾诩结交。张绣打算答应袁绍。贾诩在张绣招待袁绍使者时，高声对使者说："请回去为我们谢谢袁绍的好意，他与兄弟袁术都不能相容，而能容天下的英雄豪杰吗？！"张绣一见，这不就得罪袁绍了吗？又惊又怕，悄悄地对贾诩说："像现在这样，咱们应当依靠谁？"贾诩说："不如依靠曹操。"张绣说："袁绍势力雄厚，曹操势单力薄，而且我们以前又与曹操结过怨仇，怎么归附他呢？"贾诩说："正因为如此，才应当归附曹操。曹操尊奉天子以号令天下，名正言顺，这是应该归附的第一条理由。袁绍强盛，我们以不多的人马去投靠他，必定不会受到重视；而曹操势单力薄，得到我们必然十分高兴，这是应该归附的第二条理由。抱有称霸天下大志的人，一定会抛弃私怨，以向四海表明他的恩德，这是应该归附的第三条理由。希望将军不要疑虑。"

十一月，张绣率部投降曹操。张绣的投靠，是曹操的重大收获，并不仅仅因为增加了一股强悍的势力。曹操曾经因为报父仇而把陶谦的徐州杀了个血流成河，大家当然会认为他是个记私仇的人，曹操一直想改变这一切。这次的张绣也是曹操的仇人，曹操的长子就是死在他手里。他能来投靠，曹操正好可以为自己开脱，向天下人告知，自己不是爱记仇的人，这样更便于招揽人才。

曹操见到张绣，非常热情，与他一起欢宴，还为儿子曹均娶张绣的女儿为妻。任命张绣为扬武将军；上表推荐贾诩担任执金吾，封都亭侯。从这件事上可以看出，贾诩的智谋在三国当中，是一流的，可以和诸葛亮、司马懿齐名。

# 5

## 曹操眼里的袁绍

公元 199 年，袁绍消灭公孙瓒后，更加骄横，挑选了精兵十万，良马万匹，打算攻打许都。骑都尉、清河人崔琰劝阻袁绍说："天子在许都，民心倾向于那边，不能进攻！"袁绍不听。

许都的将领们听说袁绍要来进攻，心中都很害怕。曹操早就看透了袁绍，给大家说："我知道袁绍的为人，志向很大而智谋短浅，外表勇武而内心胆怯，猜忌刻薄而缺少威信，人马虽多而调度无方，将领骄横而政令不一。他的土地虽然广大，粮食虽然丰足，却正好是为我们预备的。"孔融对荀彧说："袁绍地广兵强，有田丰、许攸这样的智士为他出谋划策，审配、逢纪这样的忠臣为他办事，颜良、文丑这样的勇将为他统领军队，恐怕难以战胜吧！"荀彧说："袁绍的兵马虽多，但法纪不严。田丰刚直，但冒犯上司；许攸贪婪，又治理无方；审配专权，却没有谋略；逢纪处事果断，但自以为是。这几个人，势必不能相容，一定会生内讧。颜良、文丑不过是匹夫之勇，一仗就可以捉住他们。"

战争的结局也印证了曹操和荀彧的看法，官渡之战，曹操最终获得了胜利。

# 6

## 杨阜了解袁绍和曹操

关中地区的将领们看到袁绍与曹操在官渡争斗，都保持中立，坐山观虎斗。凉州牧韦端派遣从事、天水人杨阜前往许都，杨阜返回后，关中将领们问他："袁绍与曹操相争，将会谁胜谁败？"杨阜分析说："袁公宽容而不果断，

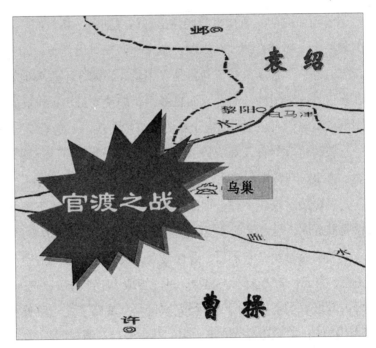

官渡之战示意图

好谋而迟疑不决；不果断就没有威信，迟疑不决就会错过时机，如今虽强，但终究不能成就大业。曹公有雄才大略，当机立断，毫不迟疑，法令统一，兵强马壮，能不拘一格地任用人才，部下各尽其力，一定能成就大业。"

乱世出英雄啊，远见卓识的还真不少。

# 7

## 曹操很明智，关羽被捉拿

公元200年，曹操打算亲自出马讨伐刘备，将领们都说："与您争夺天下的是袁绍，如今袁绍大军压境，而您却向东讨伐刘备，如果袁绍在背后进行攻击怎么办？"曹操说："刘备是人中豪杰，如今不进攻他，必定成为后患。"郭嘉说："袁绍性情迟钝，而且多疑，即使来进攻，也必定不会很快。刘备刚刚创立基业，人心还没有完全归附，赶快进攻，一定能将刘备击败。"

曹操进攻刘备，刘备势单力薄，很快失败，自己逃跑，被曹操俘虏了他的妻子家小。刘备逃奔青州，通过袁谭投奔袁绍。

曹操接着攻克下邳，捉住了关羽。这段历史在《三国演义》中记的是关羽没有被捉住，是自己无奈投降的。《三国演义》里的故事是这样的：

关羽当时就驻守下邳，曹操惜其为英雄，想招其为麾下。谋士程昱出了个主意，关云长有万夫不当之勇，只能智取，不能力敌，先派投降之兵诳出关羽，再占其城。关羽中计后，已经无家可归，就到了几十路外的土山歇息，被曹操团团围住，关羽几番欲冲下山去，都被曹兵乱箭射回。

关羽正在无可奈何之时，关羽在曹操阵营的旧友张辽上到山来。在多次相劝下，关羽约法三章：一是只降汉朝，不降曹操；二是两位嫂嫂给予皇叔俸禄；三是一旦知道刘备去向立即辞去。此时曹操求贤心切，认为慢慢地会软化关羽的立场，就答应了关羽的条件。为了笼络关羽，曹操又是赠衣、又是赏金、又是送马，恨不得倾其所有，只为了达到降服关羽的目的。但关羽并不为此所动，千方百计地打探刘备的下落，最后过五关斩六将，去投奔刘备。

《三国演义》是小说，不是真实的历史，真实情况是关羽被捉拿住，无奈之下，只好投降的。

# 8

## 聪明人沮授看得很远

袁绍用公文通告各州、郡，宣布曹操的罪状，然后发兵攻打曹操。

沮授在出军前，召集宗族，把自己的家产分给族人，说："人得势则权威无所不加，失势则连自己性命都保不住，真是可悲！"他弟弟沮宗说："曹操的兵马比不上我军，您为什么害怕呢？"沮授说："凭曹操的智慧与谋略，又挟持天子作为资本，我们虽战败公孙瓒，但士兵实际上已经疲惫，加上主上骄傲，将领奢侈，全军覆没，就在这一仗了。杨雄曾经说过：'六国纷纷扰扰，只不过是为秦取代周而效劳。'这说的是今天啊！"

官渡时，袁绍进军黎阳，派遣颜良攻刘延，沮授反对以颜良独自领军，但袁绍不听。后曹操救刘延，斩杀颜良。在袁绍将渡河之前，沮授又认为袁军应该留守延津，分兵进攻官渡，如果战胜，再增兵官渡也不迟；否则，兵众也可以安全撤离，但袁绍不听。沮授叹息，称病不见，袁绍因此憎恨他。

后来袁绍官渡之战失败，撤军时，沮授被俘，被押见曹操，沮授坚决不降，但仍获曹操厚待，可是，后来沮授密谋逃回袁绍阵营，事败被杀。

# 9

## 程昱看透了袁绍

　　振威将军程昱率七百人守鄄城。袁绍正好带大兵经过这里，曹操打算给他增加两千名士兵，程昱不肯，说："袁绍拥兵十万，自以为所向无敌，看到我兵力薄弱，一定瞧不起，不会来攻。如给我增兵，则袁绍大军经过就不会不进攻，进攻必然攻克，那就白白损失您和我两处的实力，请您不必担心。"果然，袁绍听说程昱兵少，就没去进攻。曹操对贾诩说："程昱的胆量，超过古代勇士孟贲和夏育了！"

　　孟贲是战国时期秦武王手下的勇士，能生拔牛角，发怒吐气，声响震天，尤为勇猛。夏育是战国时卫国勇士，传说力能拔牛尾，举千钧重鼎。曹操拿这两个比喻程昱，说明了程昱胆识超人。

# 10

## 面和心不和的袁氏兄弟

　　公元203年二月，曹操进攻黎阳，与袁谭、袁尚在黎阳城下展开大战，袁谭、袁尚败走，退回邺城。四月，曹操大军追到邺城，收割了地里的小麦。曹军将领都提出要乘胜攻打邺城，郭嘉说："袁绍生前喜欢这两个儿子，没能决定让谁做继承人。如今，他们权力相当，各有党羽辅佐。情况危急，就相互援救；局势稍有缓和，就又会争权夺利。不如先向南进取荆州，等待他们兄弟内讧，然后再进攻，可以一举平定。"曹操也想坐山观虎斗，就回到许都，留部将贾信驻守黎阳。

袁谭对袁尚说："我的部下铠甲不够精良，所以先前被曹军击败。现在曹军撤退，人人思归，在他们未完全渡过黄河以前，出兵追击，可使他全军溃散，这种时机，万万不可错过。"袁尚疑心袁谭另有打算，既不增加他的兵马，也不肯给他部下更换铠甲。袁谭大怒，郭图、辛评乘机对袁谭说："当初让已故去的你的父亲把你过继给哥哥的，全是审配的主意。"袁谭就率军进攻袁尚，在邺城门外大战起来，袁谭战败，率军退回南皮。果然和郭嘉预料的一样。

袁谭被袁尚军队打败，逃走保守平原县，派遣辛毗向曹操请求投降。曹操回兵救助袁谭，随即顺势平定了邺县。郭嘉后来又随从曹操在南皮攻打袁谭，平定了冀州。曹操封郭嘉为洧阳亭侯。

# 11

## 郭嘉难道会算命

孙策听说曹操与袁绍在官渡相持不下，于是想渡江向北袭击许县。众人听到这个消息都有些害怕。郭嘉预测说："孙策刚刚吞并了江东，所诛杀的都是些英雄豪杰，他是能让人效死力之人。但是孙策这个人轻率而不善于防备，虽然他的部队有一百万人之多，却和他一个人来到中原没什么两样。如果有刺客伏击，那他就不过是一人之敌罢了。在我看来，孙策必定要死在一个平常的人手中。"

孙策到了江边，尚未渡江，果然被许贡派出的刺客所杀死。郭嘉竟然预测得这么准确，不愧是三国时期的大谋士。

# 12

## 刘晔的远见卓识

庐江郡境内的山贼陈策，有几万兵众，依凭险要地势据守。曹操曾派遣副将前去诛杀，没有人能够攻克。

曹操询问各位部下可以讨伐与否，部下都说山势险峻，山谷深窄，防守易、攻打难。刘晔持反对意见，说："……现在天下初步平定，各种贼兵先后降伏。……更何况明公如此仁德，东征西讨，都希望早日归附，如先进行赏赐招募，大队兵马到达，诏令宣布的时候，陈策军营就会大门四开而贼兵自行溃散了。"曹操笑着说："你说的和我想的差不多。"随即派遣猛将在前先行，大军在后声援，到了就攻克了陈策，就像刘晔所测度的那样。曹操回去以后，任命刘晔为司空仓曹掾。

后来，曹操征伐张鲁，调刘晔为主簿。曹操军到了汉中郡，山势险峻，难于攀登，军粮非常缺乏。曹操说："这是个妖妄的地方，或有或无，无关轻重。我军缺少粮食，不如迅速回兵。"亲自率领士兵返回，命令刘晔督促后面的各路人马，让他们按序出山。

刘晔算计张鲁可以攻克，加上运粮的通道不能接续，虽然退出，军马还是不能完好无损，于是飞马告诉曹操："不如致力于进攻。"随即进兵，多用弩弓射击张鲁军营。张鲁奔逃，汉中郡终于平定。

刘晔年少知名，人称有佐世之才，他屡献妙计，对天下形势的发展往往一语中的，是曹操手下举足轻重的谋士之一。

# 13

## 百姓不愿意迁徙

公元 208 年，孙权率领众兵包围合肥。当时曹操大军征讨荆州，遇上流行疾病，只派了将军张喜一个将领、一千骑兵，带领汝南兵士去解围，但是救援的人也染上了疾病。蒋济这个时候想出了一条妙计，就秘密告诉刺史假装得到了张喜的信，说步兵、骑兵共四万人已经到达雩娄，派遣主簿迎接张喜。这样三个使者携带信件去告诉城中众将领，一件得以传送入城，两件被贼兵得到。孙权看到信件，相信了，匆匆烧了围城工事退走，合肥城因此得以保全。

第二年，蒋济出使到了谯县，曹操问他说："过去我与袁绍争夺官渡，迁徙燕、白马两地民众，百姓行走不便，贼兵也不敢抢掠。现在想要迁徙淮南民众，怎么样？"蒋济回答说："那个时候我军兵弱而贼兵强盛，百姓不迁徙我们一定会失去他们。自从我们打败袁绍，向北拔除柳城，向南打到江汉，荆州失之交臂，

汉代画像砖中的人物出行图

161

威震天下，百姓没有其他心思。然而百姓怀念故土，实在不愿意迁徙，恐怕他们一定会不安的。"曹操没有听从，而江、淮间十几万民众都惊慌逃向吴国。

后来蒋济作为使者到邺县去，曹操迎见他，大笑着说："本来我是想使他们躲避贼兵的，却把他们赶跑了。"任蒋济为丹阳太守。老百姓其实要求很简单，只要天下太平，能安居乐业就是最幸福的事情，可是很多当权者不顾实情，打着为了老百姓的旗号，随意的调整政策，最后受到伤害的，还是老百姓。

# 14

## 是宽是严，要看情况

诸葛亮辅佐刘备治理蜀地，很强调严刑峻法，很多人怨恨叹息。法正对诸葛亮说，刚刚建立国家，需要施加恩惠，进行安抚，希望放宽刑律和禁令，以适应当地人的意愿。

诸葛亮回答说："您的看法不全面。秦因为暴虐无道，政令苛刻，造成人民对它的怨恨，所以一介草民大呼一声，天下就土崩瓦解。汉高祖在这种情况下，可以采用宽大的政策而获得很大成功。刘璋糊涂软弱，从其父刘焉那时起，刘家对蜀地的人两世的恩惠，全靠典章和礼仪维系上下的关系，互相奉承，德政不能施行，刑罚失掉威严。蜀地的人专权而为所欲为，君臣之道，渐渐破坏。给予高官表示宠爱，官位无法再高时，反而被臣下轻视；顺从臣下的要求，施加恩惠，达不到臣下要求的时候，臣下便会轻狂怠慢。蜀地所以到了破败的地步，实在是由于这样的原因引起的。我现在要树立法令的威严，法令被执行，人们便会知道我们的恩德；以爵位限定官员的地位，加爵的人便会觉得很荣耀。荣耀和恩德相辅相成，上下之间有一定的规矩，治国的主要原则，由此清楚地显示出来了。"

果然，如同诸葛亮想的一样，蜀地渐渐平静下来，人们也认可了诸葛亮的治理方法。

# 15

## 代郡的乌桓必定还要反叛

公元 216 年，代郡乌桓的三个首领都称单于，依仗实力，态度骄横，恣意妄行，以往的太守对他们无可奈何。魏王曹操任命丞相仓曹属裴潜为太守，准备给他一支精干的部队。裴潜说："单于自己也知道放纵横行的时间很长了，现在多带兵去，他们必会感到恐惧而拒绝我们入境；少带，他们则不怕，因此应当用计谋去解决问题！"于是，裴潜只驾单车到代郡，单于们又惊又喜。裴潜恩威并加，进行安抚，单于们慑服。

公元 218 年四月，曹操见代郡平定了，就召回代郡太守裴潜，曹操赞扬裴潜治理代郡的成就，裴潜说："我对百姓虽然宽容，但对胡人却很严厉。今后我的继任者，必然认为我的治理过严而采取宽厚的措施。那些胡人一向骄横，过度宽厚必然导致放纵，放纵以后再用法令限制，这将是引起他们生怨反叛的原因。根据情势预测，代郡的乌桓必定还要反叛。"于是曹操后悔召裴潜回来得太快了。几十天过后，乌桓三个单于反叛的消息果然传来了。

曹操马上采取了补救措施，以儿子曹彰代理骁将军，派去讨伐反叛的乌桓。曹彰所向披靡，取得了胜利。北方全部平定。

# 16

## 高柔是个审案高手

公元 223 年，高柔升迁为廷尉。护军营士窦礼出营后没有回来。军营里以为他逃走了，上表说要追捕他，收他的妻子盈和儿女为官家奴婢。盈接连到州府，呼冤为自己申诉，没有人来察看过问。于是她又申诉到廷尉处。

高柔问道："你凭什么知道你丈夫不会逃跑？"盈流泪回答说："我丈夫年少时就与众不同，奉养一个老太太，当作自己母亲看待，非常孝顺，对待儿女十分怜爱，从不远离，他不是轻薄狡诈不顾家室的人。"高柔又问道："你丈夫与别人有怨仇吗？"回答说："我丈夫很善良，与别人没有怨仇。"

高柔感觉这个女人的丈夫应该不是坏人，不会自动逃跑，此中必有蹊跷。于是接着问道："你丈夫与别人在钱财上没有互助交往吗？"盈回答说："曾经借钱给同营军士焦子文，让他还，他一直没还。"这时焦子文正好因为一件小事被关押在监狱中，高柔去见焦子文，问他所犯的罪行。焦子文回答完后，高柔又问道："你是不是曾经向人借钱了？"焦子文说："我自知贫困，从不敢向人借钱物。"高柔看到焦子文脸色都变了，就说："你过去就借过窦礼的钱，怎么能说没有？"焦子文对这件事情败露很惊讶，应对语无伦次。

高柔知道是怎么回事了，就说："你已经杀了窦礼，趁现在的机会赶紧承认服罪。"焦子文于是叩头请罪，坦白自首了杀害窦礼的经过，以及埋藏尸体的地方。

高柔便派遣吏卒衙役，按照焦子文所说的地点掘地寻找，立刻找到了窦礼的尸体。魏明帝下诏书恢复盈母子为平民，向全国发布告，以窦礼的事情为戒。

# 17

## 侍中刘晔预料很准

关羽被孙权派兵杀害，刘备为关羽报仇，带大军进攻东吴。

当初，魏王曹丕要大臣们分析刘备是否会为关羽报仇，进攻孙权，大臣们都议论说："蜀是小国，名将只有一个关羽，他战败身亡，军队被消灭，蜀国正处在担忧和恐惧之中，不会再出兵了。"只有侍中刘晔说："蜀虽然地界狭窄，国力软弱，但刘备企图依靠武力来炫耀自己，势必要出兵，以表明他的力量强大有余。并且关羽和刘备的关系，名义上是君臣，但从恩情上说却如同兄弟，关羽被杀死而刘备却不能为他起兵复仇，这在他们自始至终的情分上是说不过去的。"

从这段话，我们还可以得知，刘、关、张三人并没有结拜，没有"桃园三结义"这一说，刘备对待关羽、张飞，只是像对待亲兄弟那样。关于这件事，还有史实佐证。

《三国志》刘备传里说：刘备年轻时与河东人关羽、涿郡人张飞交情深厚，于是委派他们两人为别部司马，分别统领部队。他与这两人同榻而眠，情同手足，但是在大庭广众之中，关羽和张飞整日站在刘备身边侍卫。——这里也没说他们结拜，只是情同手足。另外，关羽也没有"过五关斩六将"，真实的历史是：

曹操钦佩关羽的勇猛气概，后来察言观色，发现关羽并无久留曹营之意，待关羽斩杀颜良后，曹操知道关羽一定要离开自己，对其赏赐更为厚重。关羽将曹操赏赐的钱物全部封裹好，留下书信告辞曹操而去，径直赶往袁绍军营投奔刘备。

曹操手下人想将他追回来，曹操说："大家各为其主，不必追了。"所以没有派人堵截，关羽顺利见到刘备，他们共同依附刘表。

# 18

## 百姓疲劳，不要出战

公元 237 年，公孙渊多次对魏的宾客口出恶言，魏明帝打算讨伐他，命荆州刺史毌丘俭担任幽州刺史。毌丘俭想立军功，就上书说："陛下即位以来，没有可以载入史书的丰功伟绩，吴、蜀两国依仗地势险阻，不能很快平定，暂且可以调用这里无处用武的士兵平定辽东。"

光禄大夫卫臻不同意毌丘俭的意见，说：吴国年年频繁地举兵侵犯边境，而我们仍是按兵不动休养士卒，没有前去征讨，原因实在是百姓极度疲劳的缘故。公孙渊生长在海边，子孙三代相承，根深蒂固，形成了自己的势力范围，我们打算以偏师长驱作战，早晨到达晚上就能席卷得胜，是不可能的。

魏明帝不听劝说，命毌丘俭统率各军进攻公孙渊。公孙渊立即发兵反叛，在辽隧迎战毌丘俭。当时正值大雨下了十多天，辽河大涨，毌丘俭出战不利，率军回到右北平。公孙渊乘机自立为燕王。

# 19

## 温恢的先见之明

　　温恢十五岁丧父，送丧回乡，家里十分富有。温恢考虑得很长远，认为："世上刚刚开始大乱，要这么多钱有什么用呢？"于是一下子把家财全部散出给自己宗族的人，帮助他们振兴家业。

　　公元 219 年，关羽攻打曹仁，孙权为了响应关羽，统兵攻打合肥。那时候各州都屯兵守卫，温恢对兖州刺史裴潜说："这里虽然有贼兵，但还构不成威胁，所害怕的是曹仁的征南部队遭遇变故。现在洪水已经来了，而曹仁的孤军却没有防备。关羽骁勇善战，率领精锐部队，借着地利进攻，一定会造成祸害。"后来果然有关羽水淹樊城，曹仁难以抵挡。

　　朝廷诏书征召裴潜以及豫州刺史吕贡等人，裴潜等人拖延不动。温恢秘密地对裴潜说："这一定是襄阳危急，要让你们赶去支援。所以没有大张旗鼓急着让你们聚集，是朝廷不愿惊动远处的部队。一两天内一定会有密书催促你们上路，张辽等人也会被召去援助，他们一向知道魏王的心思，一定会后召先到，您可就要受责备了！"裴潜听从了温恢的话，放弃了辎重，让部下改换轻装迅速出发。果然接到了催促进军的命令，张辽等人紧接着也分别被征召，完全像温恢所预料的那样。

　　温恢对时局的把握很准确，三国时期这类人物真是层出不穷。

# 20

## 卫臻是孙权"肚子里的蛔虫"

曹丕要亲自去广陵,让卫臻做中领军,陪同前往。征东大将军曹休给曹丕送来表章,说得到了吴军降将的口供,称"孙权已经来到濡须口"。卫臻说:"孙权虽然有长江作依靠,却也不敢和我军抗衡,这一定是敌军因害怕而散布的谣言。"待详细审问降将后,才知道果然是吴军守将制造的谎言。

明帝曹睿继位,卫臻主管选拔举荐人才,加封为光禄大夫。诸葛亮又出兵斜谷,魏国同时还接到报告说:"吴国的朱然也领兵过了荆城开始南征。"卫臻说:"朱然是东吴的一员猛将,孙权这次只不过做出南征的样子,做做幌子罢了。"没过多久,孙权果然召朱然进驻居巢,然后进攻合肥。

明帝打算亲自东征,卫臻说:"孙权外表上响应诸葛亮,其实内心只是想在一旁观望。况且合肥城池坚固,不足为虑。陛下用不着御驾亲征,也好节省大军出征的费用。"等明帝到了寻阳,孙权果然撤退了。

孙权算是被卫臻给看透了啊!看透孙权的不止卫臻一个,还有王基。

公元 247 年,孙权发重兵集中在建业,并扬言要入侵魏国,扬州刺史诸葛诞得到消息后,让安丰太守王基出谋划策。王基说:"如今陆逊等人已死,孙权也已年老,内无贤良的继承人,朝中又无主谋之人。孙权若亲自领兵出征,则惧怕内乱像痈疽溃烂那样突然暴发;若派遣将领出征,则旧将领已经死光,而新将领又未获得信任。所以这只不过是想整顿内部,加强自我保护的措施而已。"过些时候,吴国果然没有出兵。

# 21

## 人不可貌相

人不可貌相，海水不可斗量，不要凭借外貌识人，外貌是靠不住的。

董允心地正直无私，诤言进谏，竭尽忠心。刘禅对他非常敬畏。宦官黄皓，善于花言巧语，逢迎献媚，刘禅对他十分宠爱。董允对上则严肃地规劝刘禅，对下则多次指责黄皓。黄皓畏惧董允，不敢胡作非为，直到董允去世时，黄皓的官位不过黄门丞。

公元245年十二月，蜀国尚书令董允去世，费祎任命选曹郎、汝南人陈祗接替董允担任侍中，陈祗端庄威严，长得不错，多才多艺，费祎只是以貌取人，认为他是贤能，越级提拔任用。陈祗与黄皓内外勾结，黄皓才开始参与政事，多次升迁至中常侍，操弄权柄，终于断送了蜀国。费祎以貌取人，间接地做了件坏事。

# 22

## 令狐邵死后受牵连

令狐愚还是普通百姓时，常常胸怀高远之志，众人都说令狐愚必能兴盛令狐氏家族。只有同族的父辈弘农太守令狐邵却认为："令狐愚性情豪爽不受拘束，不修养道德而志愿极大，必定会灭我宗族。"令狐愚听了，心中愤愤不平。等到令狐邵担任虎贲中郎将时，令狐愚官职已经多次提升，到处都很有名望。这时令狐愚从容地对令狐邵说："以前曾听您说我不能承继光大宗族，今天您还说什么呢？"令狐邵只是久久地看着他而不回答，然后却私下里对妻子说："令狐愚的性情气量仍跟以前一样。依我来看，他终究会败灭家族，但不知我能否活到受牵连的那一天，不过你们将会赶上的。"果然令狐邵死后十余年，公元251年，令狐愚与王凌一起密谋废除曹芳，共立楚王曹彪，事未行而病卒，王凌服毒自尽。司马懿十分严酷决绝地处理此事，把各个有关联的人都杀灭三族。挖开王凌、令狐愚的坟墓，劈开棺材在附近的城镇暴尸三日，烧了他们的官印、章服，把他们裸埋于地下。

令狐愚家族被诛灭，果然应了令狐邵的话。

# 23

## 大家都知道你不行

诸葛恪少年即名声大振，孙权非常器重他，而他的父亲诸葛瑾常为此事忧虑，说诸葛恪不是能保护家族的主人。诸葛瑾的朋友张承也认为诸葛恪必将败坏诸葛氏家族。

陆逊也认为他不行，曾对诸葛恪说："在我前面的人，我必然尊奉他，与他共同升迁；在我之下者，我就去扶持接引他。如今我看你气势凌驾于在你上面的人，心中又蔑视在你之下的人，这不是安定德业的根基。"

蜀汉的侍中诸葛瞻，是诸葛亮之子。诸葛恪再次攻打淮南时，越太守张嶷给诸葛瞻写信说："吴王刚刚驾崩，现在的皇帝实在太年幼怯弱，太傅诸葛恪承受辅政托孤的重担，又哪里是容易的事！……太傅却远离年幼的君主，深入敌国境内，这恐怕不是良好而长远的计策。……如果您不向太傅进献忠言，还有谁能直言相告呢？希望您能劝他撤回军队扩展农业，致力于推行仁德恩惠，数年之中，我们东西两国再同时大举进攻魏国，也不算晚，希望您深刻地考虑和采纳我的建议！"后来诸葛恪果然如张嶷所言而失败，在兵败之后，名声败坏之时，诸葛恪被谋害。

# 24

## 张悌的分析很正确

公元263年，魏国伐蜀时，吴国有人对襄阳人张悌说："司马氏得到朝政大权以来，国内的大乱屡次出现，百姓还没有归服，如今又费尽辛劳去远征，

他会败于没有时间休整，怎能取胜？"张悌说："不是这样。曹操虽然功盖中原，百姓们畏惧他的威严却不感念他的恩德。曹丕、曹睿继承他，刑罚苛繁、劳役沉重，驱使人民东西往来奔走，没有一年安宁过。司马懿父子累世立有大功，废除对百姓烦琐苛刻而实行对百姓较为平和有利的政策，为百姓谋划着想而解救他们的疾苦，

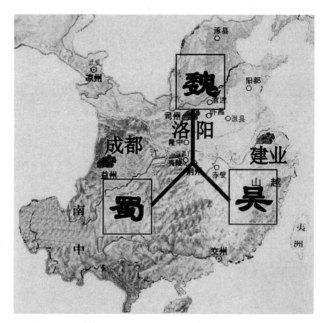

三国鼎立示意图

171

民心归顺他已经很久了。因此淮南出现三个叛逆，而腹心之地不受惊扰；曹髦被杀而死，四方也没有引起叛乱。而且能够任用贤能，使他们各尽其心，所以他的根基是很牢固的，奸计也得以实现了。而如今蜀国却是宦官专权，政策法令得不到执行，而且穷兵黩武，人民劳顿兵士疲惫，不加强防务。他们强弱不同，魏国人的智谋又胜过蜀国人，魏国乘其危难而攻伐，大概战无不胜。不过值得担心的是，魏国得胜，却是我们的忧患啊。"起初吴国人都取笑他的话，到魏国取胜后才信服。

# 25

## 钟会是风筝，司马昭是线

钟会为人聪明，少年得志，深受司马昭宠爱，他为平定淮南叛乱出谋划策，被大家称为当世张良。钟会自己也得意扬扬。但是很多人都明白钟会的为人。司马昭的夫人就对司马昭说过钟会见利忘义，过于宠信则必定会有后患。司马昭任命钟会伐蜀时，西曹属邵悌又在暗中劝司马昭小心，不如另派人牵制钟会，司马昭对此也是一清二楚。他告诉邵悌："我难道连这个道理都不懂吗？西蜀为我国大患，百姓不得安宁。我今讨伐，易如反掌。钟会一定能攻破益州。灭蜀后他即使有什么想法，办得到吗？败军之将不可以言勇，蜀汉的兵马那时能有什么作为！我军将士那时哪个不是归心似箭？他胆敢胡来，不过自己找灭族之罪而已。您不用担心。不过这件事还请您保密。"

钟会的亲哥哥钟毓（蜀汉灭亡同一年去世）都曾经劝司马昭提防钟会，司马昭哈哈大笑："这样的话，将来不管出什么事我也只处理钟会本人，不连累钟氏一家。"钟会反叛身死后司马昭果然实践了这一诺言。

这时司马昭要动身去长安，邵悌又来劝："钟会的人马是邓艾的五六倍，不用您担心。"司马昭微微一笑："您忘了以前说过的话了吗？虽然如此，这个意图不能明言。我要看到钟会确实谋反后再下手，那时名正言顺。我到长安之日，就是钟会了断之时。"司马昭不但看透了钟会，而且欲擒故纵、胸有成竹，螳螂捕蝉黄雀在后，被蒙在鼓里的钟会哪里知道他好比风筝，线在司马昭手里呢，让你下来你就得下来。等司马昭到了长安，果然钟会已死，一切都在司马昭的谋划中。

　　"君子不立于危墙之下"是孔子说的，讲的是避祸的道理和方法。我们要善于远离危险的地方。一是防患于未然，预先觉察潜在的危险，并采取防范措施；二是一旦发现自己处于危险境地，要及时离开。

　　三国可谓是典型的乱世，在乱世之中，百姓颠沛流离，官员朝不保夕，连帝王都不知命归何处。虽然乱世人命如草芥，但是也有很多人成功地避开了很多祸患，他们是如何做的呢？他们有什么方法或谋略吗？凡事预则立不预则废，学学三国时期智慧之士的避祸哲学，或许会对现在我们有所警示，有所指导。

# 1

## 不送礼就别想升官

公元 167 年十月，先零（古羌人部落之一，许多叛乱多以先零羌为主要力量。）部羌民攻打三辅地区，张奂派遣司马尹端、董卓率军阻击，大败羌民，斩杀酋长、豪帅等，加上俘虏，共一万余人。幽州、并州、凉州等三州动乱全部平定。

张奂按照功劳应该晋封侯爵，但他不肯奉承宦官，没有给宦官送礼物，结果没能晋封侯爵，只赏赐钱二十万，任命他家中一人为郎。张奂推辞不肯接受，只请求朝廷准许将他家的户籍迁移到弘农郡著籍。按照过去的法令规定，边郡人士不准迁居内地。桓帝下诏，因张奂有功，特别给予批准。任命董卓为郎中。

有句话说："送了可能有希望，不送绝对没希望"，张奂没能升官，就是因为没有送礼，没有巴结权贵。在当时，不送礼想升官，除非有下面三种情况：一、遇上"伯乐"慧眼识英才；二、有一个厉害的后台，朝中有人好做官；三、在领导遇上困难时，你帮过他很大的忙。否则，不送礼就别想升官。

# 2

## 许劭看透了陶谦外表

公元 193 年，陶谦派赵昱作为使节，携带呈给皇帝的奏章到长安。献帝下诏任命陶谦为徐州牧，加授安东将军，封为溧阳侯。当时，徐州地区百姓富裕，粮食丰足，各地流民多来投奔。但是陶谦信任奸佞小人，疏远忠直之士，司法及政务都管理不善，使得徐州政局也逐渐混乱起来。许劭避难来到广陵，陶谦对他的礼节和待遇都很厚。许劭对他的门徒们说："陶谦外表上追求尊重贤才的名声，但实际上他并不是正人君子。现在待我虽厚，将来必然会改变。"于是，他离开徐州。后来，陶谦果然大肆逮捕流亡到徐州的士大夫，人们才佩服许劭的先见之明。

公元 193 年，曹操进攻陶谦，百姓曾大多投奔徐州。这次遇到曹操到来，男女老幼数十万人被驱赶到泗水河中淹死，尸体阻塞了河道，致使水不能流。许劭还是跑得早，否则也是性命不保。

# 3

## 天下大乱，人人想当皇帝

中郎将徐荣向董卓推荐同郡人、前冀州刺史公孙度，董卓任命他为辽东郡

三国早期示意图

太守。公孙度到任后，依照法律处死郡中豪门大姓一百余家，全郡的人胆战心惊。于是他向东征伐高句丽，向西攻击乌桓部族。表现得还不错，是一副干实事的架子。其实，他不是真心地为百姓干事。

公元190年，他对亲信官吏柳毅、阳仪等说："汉朝的统治将要完结，我要和你们一同建立起一个王国。"当时襄平县延里祀社神的地方长了一块大石头，长一丈多，下面有三块小石头做它的足。有人对公孙度说："这块石头的形状与汉宣帝的皇冠相似，它所在的延里，又与你父亲的名字相同。社是祀土地神的地方，表明您应该拥有天下的土地，而有三公作为辅佐。"公孙度很高兴，也不知道是不是有人为了巴结他，提前埋好的。

原河内太守李敏，在郡中知名度很高，他反对公孙度的所作所为，又唯恐公孙度加害自己，于是带领全家迁居到了一处海岛。公孙度得知后，大为恼怒，掘开李父的坟，打开棺材焚烧尸体，又诛灭了李氏宗族。

公孙度分割辽东郡的一部分，设置辽西郡、中辽郡，各设太守。自称为辽东侯、平州牧，代表皇帝发号施令，出行时坐着皇帝才能坐的銮驾，帽子上悬垂着九条玉串，以头戴旄帽的骑兵为羽林军。其实就是把自己当皇帝了。

这时，曹操征召公孙度做武威将军，封永宁乡侯，公孙度说："我在辽东称王，要永宁干什么呀！"将印绶藏于武器库中。天高皇帝远，无人制约，公孙度就秃子打伞——无法无天了。

# 4

# 时局险恶，闭门不出

东汉末年，太尉袁汤生有三个儿子：袁成、袁逢、袁隗。

袁成生袁绍，袁逢生袁术。袁逢、袁隗都有声望，自幼便担任显要官职。袁姓家族以尊贵荣宠著称当世，在当时是排名第一的家族，他们自己也十分骄傲，生活非常奢侈。袁绍体格健壮，仪容庄重，喜爱结交天下名士，宾客们从四面八方前来归附于他。袁术也以侠义闻名当世。

家族虽然人人羡慕，但是也有冷眼观看的人，他就是袁逢的堂侄袁闳。袁闳少年时便有良好的品行，以耕种和读书为业，袁逢、袁隗多次馈赠于他，袁闳全不接受。袁闳眼看时局险恶混乱，而袁姓家族富有贵盛，常对兄弟们叹息说："我们先祖的福禄，后世的子孙不能用德行保住，而竞相骄纵奢侈，与乱世争权夺利，这就会如晋国的三大夫一样。"

等到党人之案爆发，袁闳本想逃到深山老林，但因母亲年老，不适宜远逃，于是在庭院里建筑了一间土屋，只有窗而没有门，饮食都从窗口递进。母亲思念儿子时，到窗口去看看他，母亲走后，就自己把窗口关闭，连兄弟和妻子儿女都不见面。一直隐身居住了十八年，最后在土屋中去世。袁闳大隐隐于市，就是这份坚持，也值得后人佩服啊！

# 5

## 乱世如何保全自己

司马朗是司马防的长子，是司马懿的长兄，司马防共有八个儿子，长子司马朗（伯达）、次子司马懿（仲达），司马家的八兄弟在当时相当有名，因表字中都取一"达"字，被称为"司马八达"。

董卓强迫皇帝迁都长安，他自己却因而得以留在都城洛阳。司马朗的父亲司马防官居治书御史，照理应当随皇帝同往长安。由于全国到处都不太平，就让司马朗带着家眷先回乡。

有人报告说司马朗要逃跑，抓住他来见董卓。董卓对他说："你与我死去的儿子同岁，可是你却大大地辜负了我。"

司马朗先夸奖董卓说，在灾荒兵乱交加的年月，您能够为国家清除大批的乱臣贼子，推举大量的贤士，这真可以说是处心积虑，使国家得到大治。接着叙说了百姓的苦难，说兵燹一天比一天严重，各州郡人心惶惶，城郊境内的百姓，不能安居乐业，抛弃了居室产业，四处流亡藏匿。希望您能洞察借鉴过去的历史，稍稍考虑一下。

司马朗虽暂时以托词哄骗过了董卓，但也知道董卓一定会败亡，唯恐自己会被留下，便贿赂董卓身边的办事官员，偷偷地回到家乡。司马朗到了家乡，对父老乡亲说："我们这个郡土地同京城连接。洛阳的东边有成皋县，县北临黄河，各地起兵讨伐董卓的诸侯倘若进展不利，必然要在此地停留，这地方实在是兵家必争的危险区域，谁在这儿也难得安生。不如趁现在道路还通畅，带着整个家族往东到黎阳。黎阳驻有军营，监军的官员赵威孙过去同咱们乡里有姻亲，他统领兵马，足能主持一方。今后如果遇到什么变故，在那儿慢慢观望也不晚。"

然而，父老乡亲都怀乡恋土，没有肯听从司马朗的，只有同县的赵咨带着家属和司马朗一起去了黎阳。

过了几个月，关东地方的州郡纷纷起兵，

明代周臣《流民图》（局部）美国克利夫兰艺术馆藏

聚积了十几万兵马，驻扎在荥阳和河内郡。各路领兵的将军意见分歧，放纵士兵烧杀抢掠，百姓死了一大半。司马朗因为提前离开而避免了灾祸。

# 6

## 曹操没有杀吕伯奢

京剧有个剧目叫《捉放曹》，内容是《三国演义》中的一个故事情节，三国时，曹操刺杀董卓未遂，改装逃走，至中牟县被擒。公堂上，曹操用言语打动县令陈宫，使陈宫弃官一同逃走。行至成皋，遇曹操父亲之故友吕伯奢，盛邀曹操、陈宫至庄中款待。曹操闻得磨刀霍霍，误认为吕伯奢存心加害，便杀死吕伯奢全家，焚庄逃走。陈宫见曹操如此心毒手狠，枉杀无辜，十分懊悔，宿店时，趁曹操熟睡后独自离去。

这只是一段戏曲，在历史上没有这回事。真实的历史是这样的：

公元189年，凉州刺史董卓进入洛阳，废少帝，立献帝刘协，后又杀何太后及少帝，自称太师，专擅朝政。曹操见董卓倒行逆施，不愿与其合作，遂改易姓名逃出京师洛阳（今河南洛阳东北）。曹操改名换姓，从小路向东逃回家乡，经过中牟县时，亭长疑心他来历不明，捉起来送到县里。当时县里已收到董卓下令缉捕曹操的公文，只有功曹心里知道他是曹操，认为天下正乱，不应该拘捕英雄豪杰，就向县令建议，把曹操释放。曹操回到陈留郡，把家产变卖，集结起五千人的部队反对董卓，开始了他的霸业历程。

# 7

## 杨彪装偏瘫免祸

前任太尉杨彪与袁术家有姻亲关系，曹操对此感到厌恶，便诬告杨彪图谋罢黜皇帝，另立新君。奏报献帝后，将杨彪逮捕下狱，指控他有大逆不道之罪。

将作大匠孔融听到消息后，来不及换上朝服，就赶去见曹操，对他说："杨公四代都有清高的品德，受到天下人的仰慕。根据《周书》，父子兄弟，有罪都互不牵连，何况将袁术之罪加到杨彪头上！"曹操狡辩说："这是天子的意思。"孔融认为是欲加之罪何患无辞。

曹操命令许都令满宠来审理杨彪案件，孔融与尚书令荀彧都嘱咐满宠说："只应接受杨彪的口供，不要用刑加以拷问。"满宠也想救出杨彪，但是他有自己的主意，他根本未加理睬孔融与荀彧的嘱咐，照样严刑拷问，过了几天，满宠求见曹操，汇报说："杨彪受刑后，没有供出什么罪行，这个人全国闻名，如果没有确实证据就定罪，必定会大失民心，这样就不好了。"曹操也不想承担谋害大臣的罪名，当天就下令赦免杨彪。

起初，荀彧、孔融听到满宠拷打杨彪的消息，都感到愤慨，等到杨彪因此而被赦免，才明白满宠的用意，于是对待满宠更加亲近。

杨彪看到东汉王室已经衰败，政权控制在曹操手中，就自称腿脚痉挛，十几年不走路，因此得以免祸。

# 8

## 只隐居，不当官

公孙度的声威远传海外，中原地区人士为了躲避战乱纷纷归附他。北海人管宁、邴原和王烈都前往投奔。管宁、邴原都以节操高尚而闻名于世，公孙度听说他们来到辽东，便准备宾馆，迎候二人。管宁来这里只是为了避祸，不是为了当官，见过公孙度之后，就在山谷中修建小屋居住。管宁每次见到公孙度，只谈儒学经典，不涉及世事；回到山中，则专门讲授《诗经》《尚书》，研习古代祭祀的礼仪，只会见学者，不见其他的人。因此，公孙度因管宁为人贤明而不再提防他，民间则受到他品德的感化。

邴原为人性情刚直，喜欢评价人物，抨击不合理的现象，从公孙度以下的各级官吏，都对他表示不满。管宁对邴原说："隐藏的龙，以不为人所见而成其德。不合时机而发表意见，都会招来灾祸。"他秘密教邴原逃回中原。公孙度听说后，也没有派人追赶。

王烈气度宽宏，学业精深，年轻时名望在管宁、邴原之上。他善于教诲，民间发生争执后，去请王烈裁决，有的才走到半路，有的只看到他的住宅，便纷纷退回去，向对方表示让步，而不愿让王烈知道他们有过纠纷。公孙度想任命王烈为长史，王烈推辞不受，而去经营商业来贬低自己，表示无意为官，公孙度这才作罢。

# 9

## 常林如何保全家人

太守王匡起兵讨伐董卓时，缺少钱粮，就想了个办法，派人在各个县里寻找官员及百姓的过失，一旦发现立即关押，然后判定罪责让他们用钱或粮食来赎罪，如果延误期限就要灭其宗族，一方面树威严；另一方面获取钱粮。

常林的叔父因为打了客人几巴掌，被王匡的属下告了一状，王匡把他关进牢房问罪。整个常氏家族诚惶诚恐，不知道要责罚他们多少钱粮，还不知能否救出常林的叔父。

常林想到个曲径通幽的计策，没有直接去求情，而是走的迂回路线，先去找王匡的同乡好友，大意是说，如今皇帝年幼，董卓虎踞京师，想要诛天下之贼，是好事，但是除天时、地利外，还要靠人和。如对百姓没什么恩德，任用的又不是贤能的人才，那么定将自取灭亡，怎谈得上匡扶朝廷，树立功名啊！你说是不是这个道理？

常林的意思是说王匡想讨伐董卓是好事，但是不要祸害百姓，这样是成不了大事的，接着常林就把叔父被关押的情况说了一遍，王匡的同乡好友立即写信责备王匡，王匡就把常林的叔父给放了，常林于是迁到上党避乱，在山中耕种。后来曹操任命常林当上了县令。

# 10

## 人在屋檐下，怎敢不低头

公元 196 年，袁术进攻刘备，以争夺徐州。刘备派司马张飞守下邳，自己率军到盱眙、淮阴一带抵抗袁术。两军相持一个多月，各有胜负。下邳国相曹豹，是已故徐州牧陶谦的旧部，与张飞关系不好，被张飞杀死，下邳城中大乱。袁术写信给吕布，劝他袭击下邳，并许诺援助军粮。吕布就率军水陆并进，向东袭击下邳。刘备部下的中郎将、丹阳人许耽打开城门，迎接吕布。张飞兵败退走，吕布俘虏了刘备的妻子、儿女以及官员、将领们的家属。

刘备听到消息后，率军回救，到达下邳后，全军溃散。刘备收拾残部，向东攻取广陵，与袁术交战，又被打败，退守海西。军中将士饥饿不堪，只好自相残杀，以人肉充饥。从事、东海人糜竺拿出家中财产，资助军费。刘备无奈，只好向吕布请求投降。吕布也正愤恨袁术运粮中断，于是召刘备前来，又委任他为豫州刺史。吕布要与刘备一起进攻袁术，让刘备驻军小沛。吕布自称徐州牧。

人在屋檐下，怎敢不低头？在特

旧版年画张飞战马超

定的环境下要学会忍耐，来保全自己。不要因为一些小事的不忍让而失去更多。刘备就很会做人，能适应环境，能屈能伸，这也是做大事的基础。

# 11

# 吕布是个"跳槽王"

说起吕布，很多人都知道他武功盖世，赤兔马方天戟，天下无敌，真实的吕布是这个样子吗？历史上的吕布没有赤兔马，所骑的就是一般的战马；也没有方天戟，用的就是长矛。还有一点，吕布可以说是三国时期的"跳槽冠军"。

最开始，吕布因其勇武被并州刺史丁原任为骑都尉，后屯于河内，任其为主簿。汉灵帝死后，丁原进京与大将军何进密谋诛杀宦官，并为执金吾。董卓入京之后，引诱吕布杀丁原，并任他为骑都尉，封都亭侯。吕布与董卓的婢女有染，恐怕事情被董卓发觉，所以心中十分不安。王允等密谋暗杀董卓，于是拉拢吕布，吕布答应，成功刺杀董卓，任职奋武将军，进封温侯，与王允同掌朝政。

董卓死后两个月，其旧部属李傕和郭汜攻入京城，吕布战败，于是仓皇出逃。吕布途经武关到南阳投奔袁术，袁术待他十分优厚。吕布认为自己杀死了董卓，对袁家有功，因此放纵部下士兵抢掠，袁术对此不满。吕布察觉后，心里也感觉不好，就离开袁术，去河内投奔张杨。李傕等人悬赏捉拿吕布，形势很紧，吕布又从张杨处逃走，改投袁绍。

在袁绍处，吕布与他联手大破黑山军，但吕布又依仗功劳，向袁绍多要兵马，袁绍不应许，吕布部下的将士多凶横残暴，袁绍颇为厌恨。公元193年，吕布请求返回洛阳。袁绍用皇帝的名义任命吕布兼任司隶校尉，派遣精壮武士护送吕布，命令他们暗中将他害死。吕布命人在他的帐内弹筝，自己悄悄地溜走了。第二天早晨，袁绍得知吕布仍然活着，大为恐惧，下令关闭城门，严加防守。吕布率军再度依附张杨。

公元194年，吕布离开袁绍去投奔张杨时，路过陈留郡，拜访张邈，临别时，一同握手盟誓。袁绍知道这一消息后，大为痛恨。张邈担心袁绍谋害自己，陈宫劝张邈说，吕布是个壮士，能征善战，无人可比，如果暂时迎接他来，共同主持兖州事务，观察天下的形势，等待时局变化，这也是您纵横捭阖的一个时机。张邈听从了陈宫的意见，率军秘密迎接吕布来担任兖州牧。

曹操听到消息后立即回师，与吕布数次征战，最终，吕布不敌，东投刘备，刘备让他屯兵小沛。后刘备与袁术相争，吕布乘机夺取了徐州，自称徐州牧。刘备只好投靠吕布，吕布反让他屯兵小沛。刘备在小沛再次聚集了万人，吕布感到十分讨厌，于是再联络袁术，出兵攻打刘备，刘备只好西投曹操，决定联手对付吕布。

公元198年冬，曹操攻打吕布，因吕布有勇无谋而多猜忌，不用陈宫建议，诸将又各自猜疑，所以每战多败。吕布军中上下离心，只好下城投降。最后吕布被缢杀，然后枭首。

总体算来，吕布先后投靠过丁原、董卓、王允、袁术、张杨、袁绍、张邈、刘备，最后还想投靠曹操，结果被杀死，吕布真称得上是三国时期的"跳槽王"。

# 12

## 《昌言》教你认识历史

仲长统字公理，山阳高平（今山东邹县）人。并州、冀州的人都因此以为仲长统的才华很不一般。仲长统生性豪爽洒脱，凡事敢于直言不讳，不拘泥于细枝末节，常常沉默不语，而性情变化不定，当时有的人称之为"狂生"。每一次郡府下令召见他，他总是称病不去。

仲长统著《昌言》，认为"天"即自然，它没意志和目的。在政权得失上，仲长统批判了"神的旨意"。他认为创业者夺天下，建立霸业是由"人事"所致。同样，王朝由盛而衰，毁业亡国，也是由"人事"所为。从根本上否定了宗教"天命"决定社会兴衰的说教，从而否定了宗教神学的统治地位。

对于社会危机的根源，仲长统也提出了自己的见解。他认为，社会统治地位和被统治地位的形成和划分并不是永恒不变的，而是变化、发展的，这种变化的主要原因就在于统治者的享乐腐化，以及他们对人民的剥削和压迫。

在社会历史观方面，仲长统认为，政治上采取什么措施，用不着求"天"问"神"，只要考察现实社会的实际经验，从中找到"损益"的答案就行。

荀彧推荐仲长统担任尚书郎。仲长统撰写《昌言》，分析了国家的安危治乱，主要大意是："受命于上天的英雄豪杰，并不是从开始时就有统一天下的名分，由于没有这种名分，所以竞争者纷纷崛起。但到后来，那些仗恃智谋的，智谋穷尽；仗恃力量的，力量枯竭。形势不允许再对抗，也不足以再较量，于是才被捉住头，捆住颈，置于我们控制之下。

"等到第二代统治者继位时，那些豪杰已不再有争夺天下的雄心，士大夫与百姓都已习惯于遵从命令，富贵之家已经固定，威权都集中于君主一人手中。在这时候，即使是一个下等的蠢材坐在皇帝的宝座上，也能使他的恩德大到与天地相同，使他的威严达到与鬼神相似的地步。即使是有几千个周公姬旦和孔夫子这样的圣人，也无法再发挥他们的圣明；有百万个孟贲和夏育之类的勇士，也无处再施展他们的勇力。

"那些继承天下的愚蠢帝王，见到天下没有人敢违抗旨意，就自认为政权会像天地不会灭亡，于是随意发展自己的嗜好，放纵自己的欲望，君主与臣僚都为所欲为，上下一起作恶，荒废朝政，排斥人才。所信任的，都是奸佞谄媚的小人；所宠爱的，都是后宫妃嫔的家族。以致达到熬尽天下民脂民膏，敲骨吸髓的程度。人民身受怨毒，痛苦不堪，灾祸战乱，同时而起。中原大地纷扰不安，四方外族相继背叛，政权土崩瓦解，毁于一旦。从前受我养护哺育的小民，如今全都成为喝我鲜血的仇敌。至于那些大势已去，还不觉悟的人，岂不是富贵产生的麻木不仁，溺爱导致的愚昧顽劣吗！政权的存亡相互交替，治理与战乱也不断周而复始地循环，这正是天地运行的规律。"

# 13

## 三国时期最聪明的人

贾诩，被人称之为"毒士"，奇谋百出，算无遗策。易中天在《百家讲坛》中评论到：贾诩能在乱世中审时度势，自己是活得时间最长的，还保全了家人。这才是真正的大智慧，贾诩可能是三国时期最聪明的人。

这里就讲几件贾诩的聪明之事。

一、保全自己。贾诩有病辞官，路上遇见氐人，与其同行的数十人皆为氐人所抓。贾诩为活命，便骗他们说："我段公外孙也，汝别埋我，我家必厚赎之。"当时太尉段颎，因为久为边将，威震西土，所以贾诩便假称是段颎外甥吓唬氐人，氐人果然不敢害他，还与他盟誓后送他回去，而其余的人却都遇害了。

二、审时度势。献帝离开长安后，宣威将军贾诩就交回印绶，将军段煨与贾诩同郡，贾诩就到华阴去投靠段煨。贾诩素有名望，段煨军中将士很仰慕他，段煨对他礼遇十分周到。段煨怕贾诩夺其兵权，所以表面上对贾诩礼遇甚厚。贾诩看出后，心中感到不安。南阳张绣与贾诩暗中有来往，张绣便派人去迎接贾诩。

贾诩就想投奔张绣，有人对他说："段煨待您这么优厚，您还要到哪里去？"贾诩说："段煨性情多疑，有嫉妒我在军中的威望的意思，虽然现在礼遇周到。但不能长久依赖，将来会有杀身之祸。我离开后，他一定很高兴，又希望我在外给他争取强援，必然会优待我的妻子、儿女。张绣军中没有谋士，也愿意得到我，这样，我与家眷就必定都可以保全了。"贾诩就前往张绣军中，张绣对他十分敬重，以晚辈自居。段煨也果然对贾诩的家眷十分优待。

三、功成身退。贾诩认为自己非曹操旧臣，却策谋深长，所以怕曹操猜疑。于是采取自保策略，闭门自守，回家也不与别人交往，即使家里男女嫁娶，也不高攀权贵之家。当时天下谈论智谋之士时都十分推崇他。

# 14

## 平原地区容易有战祸

和洽曾被当地吏民举荐为孝廉。袁绍在冀州之时，曾派使者前去迎接汝南的士大夫，士大夫都欣然前往，唯独和洽认为：冀州地势平坦开阔，百姓富足强壮，且四面可以应敌，必成各地英雄豪杰争割之地。袁绍凭借着这种优势，虽能逐渐强大起来，但当今天下群雄并起，他未必能得到圆满的结局。荆州刘表虽无甚远大志向，却能爱护百姓，爱惜人才，再加上地势险阻，山贫民弱，是个容易依靠的地方。

于是与亲朋故友一同南下归附了刘表，刘表以上宾之礼对待他们。和洽说，我之所以没去投奔袁绍，是为了避开那个是非之地。不是为了当官，于是就隐居起来。

与和洽有同样眼光的是杨俊。

杨俊是河内郡获嘉县人。曾受教于陈留的边让，为边让所赏识，被他视为奇才。当时兵乱四起，杨俊考虑到河内郡又处于四通八达的要冲，迟早会成为战场，便扶老携幼来到京、密一带的大山里，同行的共有一百多家。后来，曹操任命杨俊为安陵县令，升任南阳太守。

# 15

## 郭淮如何逃过一死

郭淮曾被推举为孝廉，任平原府丞。曹丕即位后，赐郭淮为关内侯。

公元 220 年，郭淮奉命前来祝贺曹丕登基，在路上得病，所以迟了一些。等到群臣欢会时，曹丕严肃地说："从前大禹在涂山召会诸侯，防风来晚了，结果被杀。而今普天同庆，你却来迟，为什么？"

郭淮心中一紧，没想到曹丕这么的小心眼，想了想，准备从夸赞入手，躲避这场灾祸，就答道："我听说五帝首先用德来开导臣民。夏后时期朝政衰败，才开始用刑。而今我生逢唐虞盛世，因此知道自己不会遭受防风那样的杀戮。"曹丕听了很高兴，升任郭淮为领雍州刺史，封为射阳亭侯。

这种自救方式的例子还有很多，在这里再讲一个类似的故事。

有一次，乾隆到北海纳凉，刘墉伴驾。乾隆和刘墉开玩笑，便说："前面就是太液池，一

清代郎世宁绘乾隆皇帝像

丈多深的水，跳下去就死，你跳吧。"刘墉站起来就奔太液池。

刘墉来到太液池并没有往下跳，冲水池鞠了三个躬，回来了。他来到皇上面前说："万岁，臣刚要跳，水里一个人把我拦住了，跟我说了两句话，要我问问你，问完了再跳。"

乾隆问："水里有人？谁呀？"

"是屈原。"刘墉说。屈原是楚国大夫，让昏君逼得跳江死了，乾隆当然知道这个事。

"屈原跟你说了什么？"

"他跟臣说了两句话：'我遇昏君当该死，尔逢明君自当回。'屈原遇到无道昏君，逼他跳水死了，说我刘墉遇到明主，我不应当死，我就回来了，万岁，臣不该死呀。"

# 16

## 程昱急流勇退

公元198年，刘备失去徐州，前来归附曹操。程昱劝曹操杀刘备，曹操不听。公元208年，曹操征讨荆州，刘备奔吴求助。有人认为孙权必杀刘备。程昱预料说："孙权刚刚登上王位，尚未被国内所惧怕。曹公无敌于天下，刚刚攻下荆州，声威震动江南，孙权虽然有谋略，但不能独立对抗，刘备有英名，关羽、张飞能抵敌万人，孙权必定借助他们以与我们对抗。刘备的灾难得以解脱，势力范围也被分定，刘备依靠这个帮助站稳了脚跟，再要捉杀他是不可能的了。"孙权果然多给刘备兵力，以抵御曹操。

此后中原地区逐渐平定，曹操抚摸着程昱后背说："兖州那一场败仗以后，如果不采用您的意见，我怎么能达到今天这个地步？"派人奉上牛酒慰劳程昱，程昱是个明白时势的人，看到自己已经很尊崇荣耀了，就说："知道满足就不会招致侮辱，我可以告退了。"于是自己上表要求将手下士兵归还曹操，关门隐居，不再出任。

俗话说：急流勇退谓之知机，明白急流勇退这一道理的人，是能够看清楚形势的人。程昱在官场得意时及时引退，就是要明哲保身。

因为程昱性情刚直猛烈，与人多有抵触，有的人就告发程昱阴谋反叛，但是曹操还算明智，对他赏赐和待遇却更加丰厚。

# 17

# 明大势才是大智慧

曹操与袁绍在官渡相持不下，刘表带领荆州的人马全力接应袁绍。桓阶见到这种情况，就劝说太守张羡一定要深明大义，明辨是非，保全自己，远离灾祸。张羡问："现在咱们该怎么办才好呢？"桓阶分析说："眼下曹操的力量虽然很弱，但是他仗义起兵，挽救朝廷的危亡，奉王命讨伐罪臣，天下人谁敢不服？如今您若能把四郡的力量联合起来，保住三江，等待曹操的大军，到时候里应外合，这是一条好的出路。"

张羡认为有理，就同意了，于是把长沙和周围三郡的人马都动员起来对抗刘表，又派出使者前去谒见曹操，曹操见自己危难之际有人投靠，十分高兴。

曹操因为要专注于在官渡抵抗袁绍，未能派兵南下长沙帮助张羡，此时刘表攻打张羡，遇上张羡病死，长沙城被刘表攻陷，桓阶则躲藏起来。过了一段时间后，刘表任命他为从事祭酒，更加想把妻子蔡氏的妹妹许配给他，但桓阶则以已婚为借口拒绝，又以患病为由辞官了。

曹操占领荆州后，知道当日是桓阶劝张羡支持自己，对他十分欣赏，任命为丞相掾主簿，做赵郡太守。

曹丕即位后，桓阶又被升为尚书令，成为直接对曹丕负责总揽一切政令的官员，事实上即成为宰相，封高乡亭侯，加侍中。

# 18

## "官二代"要懂得收敛

周瑜生有两男一女，女儿许配太子孙登。儿子周循娶公主为妻，被任命为骑都尉，有周瑜的气质风度，年轻即去世。周循弟弟周胤，初任兴业都尉，娶皇族姑娘为妻，领亲兵一千，驻守公安。公元229年，孙权称帝时，封他为都乡侯。周胤身为"官二代"，优点没有，缺点不少，纵情声色，为所欲为，还不是依仗是周瑜的儿子啊，但是孙权并没有因此而放纵他，因为放纵他就是毁了他，所以把周胤免官为平民，并迁徙到庐陵郡。

公元239年，诸葛瑾、步骘联名上书，因为周瑜去世不久，而他的儿子周胤被降为平民百姓，这就更加令人心伤。为周胤求情，请求赦免他的罪过，恢复他的爵位。

孙权回答说："周瑜是我的心腹旧臣，与我协力共事，我对他确实忘不了。过去周胤年少，并无功劳，平白无故地掌有一支军队，封赏爵位任将领，就是追念公瑾的功绩而恩赐他的后代。而周胤却倚仗这些，沉湎于酒色，为所欲为，前后数次警告劝谕他，而他依然不改。我与公瑾的友谊，同你们二位一样，期望周胤有所作为的心意，但是他实在是令人失望。鉴于周胤罪恶过重，不宜立刻还他官爵，而且还应让他受些苦难，使他自知痛改。……"孙权这么做也是为了周瑜考虑，希望他的儿子有所作为，这才是怀念周瑜的最好的方式。

诸葛瑾、步骘的奏疏刚呈上去，朱然和全琮也上奏替周胤说情，于是孙权同意了他们的请求。正在这时周胤病死，这个"官二代"还算是善终，否则不知道以后会出什么乱子呢。

# 19

## 苟安的曹衮

公元 222 年四月，曹丕封了很多诸侯王。当时，诸侯王只保有封国的空名而没有实权；各王国只有百余名老兵作为警卫，与都城隔绝千里，又不允许诸侯王到京城朝见皇帝，朝廷在各诸侯王国设置防辅和监国等官员，以监视诸侯王的行动；他们虽有王侯的名义，而实际上生活待遇与平民百姓没有什么两样，还不如平民百姓来去自由呢。

曹丕害怕诸侯王作乱，于是规定的法律很严格，诸侯王有点过错，曹丕就知道了。

诸侯王中，北海王曹衮勤奋好学，行为谨慎，未曾有过失。王国的文学和防辅商量说："我们奉命观察北海王的举止行为，他有过失，我们要上报朝廷；有善行，我们也应该向朝廷汇报。"于是二人联名上表陈述曹衮的优点。曹衮知道后，非常惊恐，责备文学官说："重视道德修养，约束自己，这是做人的本分，而各位却将这些上报朝廷，恰恰是给我增加负担。如果有善行，不怕朝廷不知道，而诸位急迫上报，是在给我帮倒忙。"

曹丕就怕诸侯王里面有德行、有声望的人，因为只有这类人才能威胁到他的皇位，他要知道曹衮声望好，有学识，估计曹衮离死就不远了。

# 20

## 别太把自己当回事

　　公元235年，杨仪杀掉魏延，自认为立有大功，应当代替诸葛亮执政。于是招呼都尉赵正用《周易》卜筮，卦为"家人"，杨仪沉默不欢。诸葛亮生前另有秘密指令，认为杨仪胸襟狭隘而且性情急躁，意向是由蒋琬接任。蒋琬于是为尚书令、益州刺史。杨仪到京城后，被任命为中军师，没有部属，只是一个光杆司令。

　　最初，杨仪侍奉刘备担任尚书职务，蒋琬当时只是尚书郎。后来，虽然两人都担任了丞相参军、长史的职务，但杨仪每次随诸葛亮行动，承担的任务比较繁重，自认为资历深于蒋琬，才干也超过蒋琬，于是时常抱怨愤恨，没事就叹息怒斥。

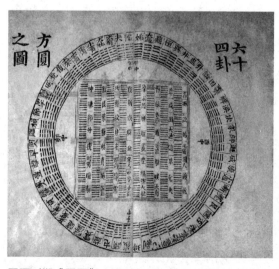

民国时期《周易》

　　当时人们害怕他言谈话语没有约束，不敢和他来往。只有后军师费祎前去安慰问候他，杨仪对费祎发泄心中的怨恨，把前后经过如此如此地说了一遍，又对费祎说："当初丞相刚刚去世之时，我如果率军投奔魏，也不致失意到这种地步？唉，时过境迁，真是后悔，可惜再也没这机会了！"费祎听了，不敢隐瞒，就把他的话秘密上表。公元 235 年，杨仪被废为平民，流放到汉嘉郡。杨仪到了流放地，再次上书诽谤，语气充满抱怨和不满，于是朝廷派人下到郡中捉拿他。杨仪只好自杀，他是不懂得内敛，最后招致了祸患。

# 21

## 王昶的话很有深意

魏明帝曹睿即位，加封王昶为扬烈将军，赐关内侯爵。王昶为人恭谨忠厚，他为兄弟的孩子和自己的孩子取名字，都依据谦虚和诚实，本意是要他们低调做人。他给侄子起名王默、王沉，给儿子起名王浑、王深。他写信劝诫他们说：作为晚辈，最重要的是有实际本领，有高尚情操，让父母脸上有光。实际本领、高尚情操、父母荣光这三件事谁都能明白其中的价值，可还是有人身败名裂，殃及家庭，致使全家毁灭，这是因为他们家的传统不是正道。讲究孝敬仁义，这是诸事中最重要的。依照它来立身行事，这是一生的根本所在。讲究孝敬，宗族内部才相安无事，讲究仁义，邻里之间才会相互尊重。这样做，修身养性就是不错了，名声自然会传到外边去。

常言道："如果不知足，得到的也会失去。"所以人要知足，就会满足。纵览古今成败吉凶，那些追名逐利，欲壑难填的人，没有谁能保持家世不衰，自己不毁灭的。我希望你们做人要严谨，遵从儒家的教义，信奉道家的言论，所以给你们起名叫玄默冲虚，要让你们看到自己的名字，时刻不忘它们的含义，不要违背。

古代时，盘子上有铭文，几杖上有诫文，为的是低头抬头都能看见它们，用来节制自己。更何况是自己的名字，难道不该随时劝诫自己吗？一般来说，事物成长得快，其消亡得也快；其生长得慢，就会有好的结果。清晨开花的草，

三国时期的铜镜（河南许昌博物馆）

到晚上就该凋谢了；而松柏青翠，严冬不衰枯。因此真正的君子不愿自己速成，而希望大器晚成。

至于用钱应以家族作为首先考虑的对象，施舍一定要注意周济那些急需的人，出入乡村一定要慰问老人，议论时不要贬低别人，做官时要尽忠尽节，用人交友一定要诚实，处世一定不要骄傲贪淫。贫贱时万不可自暴自弃，进与退要想到是否合适，凡做事要三思而后行。如果这样做了，我就没有什么忧虑了。

其实王昶教育子侄们的这些话，今天读来也有其深意，也值得现代人学习和借鉴。

# 22

## 两次投降，皆因主子不争气

黄权年轻时做过郡吏，益州牧刘璋征召他为主簿。当时别驾张松建议，应该邀迎刘备入蜀，让他前去讨伐张鲁。黄权劝谏不能迎接刘备，刘璋不听他的劝告，最终还是派人迎请刘备，并将黄权外派做广汉县县长。等到刘备袭取益州，将帅们分别占领蜀地各郡县，各郡县望风归附，黄权紧闭城门，直至看到刘璋投降，才前往向刘备投降。刘备让黄权代理偏将军。刘备为汉中王后，仍兼任益州牧，任命黄权为治中从事。

后来刘备登基称帝，准备征讨东吴，黄权劝谏不适合出兵，刘备没有听从黄权的建议，而任他为镇北将军，督领江北军队防御魏国出兵，刘备自己在江南前线。后来吴国将军陆逊打败刘备。由于返蜀道路被吴军完全阻断，黄权军队无法返回蜀地，他只好率领部下投降魏国。

大将军司马懿非常器重黄权，问黄权说："蜀中人物像您这样的有几人？"黄权笑着回答说："没想到明公您如此看重我！"司马懿与诸葛亮的信说："黄公衡，豪爽之士，无论何时谈起您，总是赞叹，不改初言。"

黄权两次投降，都是因为上级不听劝告，导致失败，他被逼无奈，而投降的。虽然他背负投降的名声，但是原因不在于他，谁让他伺候的主子不争气呢！

# 23

## 三十六年没说话

曹芳做了16年的魏国皇帝却被司马氏废掉，大臣范粲大哭跪拜送他前往被囚禁地金墉城。这以后，范粲就称病不出门，装疯不说话。他睡在自己的乘车上，脚也不踩地。选择不说话、不下地是范粲的抗议方式，也只有这个方法，可成全自己的不爽，又保住一家子性命，否则司马家一不高兴，将他全家抄斩，是很有可能的。

子孙当中如果有婚姻、做官的大事，家人总是悄悄与他商议，他如果表示同意，脸色就没有变化，如果不同意，睡卧就不安稳，他的妻子和儿子因此知道他的想法。他的儿子范乔等三人，一起抛弃了学业，断绝人世间一切事情，

在家里侍奉他的疾病，从来不走出他们居住的地区。到晋武帝即位，下诏给范
粲二千石俸禄让他养病，又赐给他一百匹缣帛。范乔以父亲病重为由，推辞不
敢接受。范粲总共三十六年没说话，在他八十四岁的时候，死在他睡卧的车子上。

# 24

## 乐不思蜀的刘禅

　　蜀国后主刘禅投降晋国，公元263年，司马炎封刘禅为安乐公，刘禅的子
孙及群臣封侯者五十余人。司马炎与刘禅一起宴饮，为他表演蜀国的歌舞，旁
人都为之伤感不已，而刘禅却高高兴兴同平时一样。司马炎对贾充说："人之
无情，竟然到这种程度；即使诸葛亮还在，也不能辅佐他长久平安，何况姜
维呢！"意思就是刘禅是烂泥扶不上墙。

　　过了几天，司马炎问刘禅说："你还思念蜀国吗？"刘禅说："此间乐，
不思蜀（在这里很快乐，不思念蜀国）。"郤正听说后，暗地里就对刘禅说："如
果晋王以后再问，你应当哭着回答说：'祖先的坟墓，都远在岷、蜀，我心常
常西望而悲，没一天不思念。'然后闭上眼睛。"后来司马炎又问他，刘禅就
像郤正说的那样回答，晋王说："你说得怎么像郤正的话。"刘禅惊讶地睁开
眼说："确实像您所说的那样。"左右之人都哈哈大笑。

　　刘备何等英明神武，刘禅却表现的差强人意，不知道是假装的，为了避祸，
还是真的就是一个蠢货呢？！

# 25

# 不升迁也要送礼

　　杜预虽然生长在官宦人家，但不是那种只知享乐的纨绔子弟。他从小博览群书，勤于著述，对经济、政治、历法、法律、数学、史学和工程等学科都有研究。当时的人曾给他起个"杜武库"的绰号，称赞他博学多通，就像武器库一样，无所不有。

　　杜预镇守襄阳，他勤于讲习武事，命令部下要严于防守。他还引来水和水浇灌田地一万多顷。杜预身不跨战马，射箭不能透甲，但是他以善于用兵战胜对方，各位将领都比不上他。

　　杜预在地方上镇守，却多次向京都的权贵要人馈赠送礼，有人问他为什么要这样做，杜预回答说："我只怕他们会加害于我，并不指望他们能给我什么好处。"杜预原来是为了防患于未然。

　　公元278年十一月，晋武帝改任杜预为镇南大将军。公元279年十一月，晋军兵分六路，水陆并进，大举攻吴。杜预担任西线指挥，并负责调遣益州刺史王濬的水师。公元280年，王濬攻下建业，灭了东吴。杜预以功晋爵为当阳县侯。若是当初杜预没有送礼，估计也没有后来的战功赫赫了。

　　历史是人的历史，自然就是由男人和女人一起书写的。之所以要强调女人，是因为女人在历史上的地位常常被人忽略。世界十分美丽，但如果没有女人，将失掉七分色彩。漫卷历史长河，几番风吹雨打，几番风平浪静，历史还原为本色，女子还原为女子。或许是历史淹没了女子，或许是女子点缀了本已空乏的历史。

　　本节选取了三国时期上不同性格、不同结局女性的故事，这些女性用自己的传奇人生谱写了一首首动人的乐章，她们的姓名应该铭刻进历史的乐章。

# 1

## 刚毅的母亲，刚强的儿子

公元 177 年，辽西郡太守赵苞到任之后，派人到故乡迎接母亲和妻子，想让她们来和自己一起生活。他的母亲和妻子将到辽西郡城，路上经过柳城时，正遇着鲜卑一万余人侵入边塞劫掠，赵苞的母亲和妻子全被劫持为人质。鲜卑首领得知她们的身份后，就用车载着她们来攻打辽西郡城，想以此来要挟赵苞。赵苞率领骑兵两万人布阵迎战，鲜卑首领就在阵前推出赵苞的母亲给赵苞看，赵苞一见母亲被抓，悲伤痛哭，对母亲说："当儿子的真是不孝啊，本来打算用微薄的俸禄使您安度晚年，想不到反而为您招来大祸。虽然我是您的儿子，但现在我是朝廷的大臣，大义不能顾及私情，我只有拼死一战，否则没有别的办法来弥补我的过失。"赵苞的母亲远望着儿子，大声地嘱咐说："儿啊，生死有命，不要为了顾及我，而使你左右为难？你该怎么做就放心去做吧。"

赵苞忍着悲痛，下令出击，手下兵士也奋力杀敌，鲜卑流寇被杀死无数，其余都逃散，可是赵苞的母亲和妻子也被鲜卑人杀害。赵苞上奏朝廷，请求护送母亲、妻子的棺枢回故乡

五代时期胡环《出猎图》中的鲜卑族人形象

安葬。汉灵帝听说后也很感动，就派遣使节前往吊丧和慰问，并且封赵苞为侯。赵苞将母亲、妻子安葬已毕，对他家乡的人们说："拿着朝廷的俸禄而逃避灾难，不是忠臣；杀了母亲而保全忠义，不是孝子。如此，我还有什么脸面活在人世？"口吐鲜血，不久就死了。

# 2

## 貂蝉其实不是人名

《后汉书·吕布传》记载："卓又使布守中阁，而私与侍婢私通，益不自安。"从这一记载里可以看出，董卓与吕布的怨隙，也是因董卓的一位侍妾而引起，《三国演义》就演化成了吕布戏貂蝉的故事。其实貂蝉不是人名，是后宫侍女的一个工种岗位，侍女没有名字，以其工作岗位做代称，《三国演义》里的美女貂蝉，是个虚构人物，历史上没有这个人的。不信，还有例证。

曹操带刘备攻打徐州的吕布，吕布亲自率军，屡次与曹操交战，全都大败，只好退守城池，不敢出战。吕布打算投降，陈宫说："曹操远来，势不能停留过久。将军如果率领步兵、骑兵屯驻城外，由我率领剩下的军队在内守城，如果曹军进攻将军，我就领兵攻击他们的后背；如果曹军攻城，则将军在外援救。不过一个月，曹军粮食吃光，我们再行反击，可以破敌。"

清代绣像三国中的貂蝉画像

吕布同意，打算留陈宫与高顺守城，自己率骑兵截断曹军的粮道。吕布的妻子对吕布说："陈宫与高顺一向不和，将军一出城，陈宫与高顺必然不能同心协力地守城。万一出现什么问题，将军要在哪里立脚！而且曹操对待陈宫犹如父母对待怀抱中的幼儿，陈宫还舍弃曹操来投靠我们；你待陈宫并未超过曹操，就把全城交给他，抛别妻儿家小，孤军远出。如果一旦有变，我难道能再做你的妻子吗？"吕布就打消那个计划，偷偷派遣部下官员向袁术求救。

从这一段史实里可以看到，没有写明吕布的妻子就是貂蝉。

# 3

## 吴夫人的思虑很长远

公元199年，孙策攻克皖城时，安抚照顾袁术的妻子家小；等到他进入豫章，又运送刘繇的棺椁，厚待刘繇的家属。贵族和平民都称赞孙策，这也为孙策平定江南奠定了口碑。

一次，会稽郡功曹魏腾曾经得罪孙策，孙策要杀死魏腾，众官员劝解，孙策都不听。这时，孙策的母亲吴夫人倚着井的栏杆，对孙策说："你刚刚开创江南的局面，很多事情还没有安顿妥当，正是应该礼贤下士、不念过失、只记功劳的时候。魏功曹在公事上尽职尽责，你今天杀了他，那么明天别人都会背叛你。我不忍心见到大祸临头，还是先投到这个井里自尽了吧！"孙策一听，大惊，赶快劝解母亲，接着释放了魏腾。

在这件事情上，吴夫人是很明智的，她考虑问题比孙策全面，杀死一个人，影响一大片，得不偿失！

# 4

# 以退为进，报仇雪恨

公元 204 年，丹阳郡大都督妫览、郡丞戴员杀死太守孙翊。他们准备背叛东吴，归顺朝廷。

妫览移居到原先孙翊居住的府第中，见孙翊的妻子徐氏貌美，就强迫孙翊的妻子徐氏嫁给他。徐氏知道正面抵抗是没有效果的，就骗他说："请您等到这个月底，我祭奠丈夫、脱去丧服之后，再听从您的命令。"妫览很高兴，就同意了。徐氏暗中派人与孙翊原来的亲近部将孙高、傅婴等策划共除妫览、戴员。孙高、傅婴流着泪许诺，他们秘密找来孙翊原先的侍卫武士二十余人，共同盟誓，做好安排。

到月底，徐氏祭奠亡夫，尽情痛哭。然后，就脱下丧服，熏香洗澡，好像要准备出嫁似的，说话办事都显出十分高兴的样子。当时的人们都私下里责怪徐氏不该这样。其实徐氏这么装样子是有道理的，妫览派人来秘密观察后，就不再怀疑了。徐氏把孙高、傅婴安排在自己房中，然后派人去请妫览进来。妫览刚进房中，徐氏大叫："两位将军，可以动手了！"孙高、傅婴一起出来，共同杀死了妫览，其余的人立即在外边杀死戴员。徐氏眼见报了仇，就又换上丧服，用妫览、戴员的人头，祭奠孙翊。全城人们听说后，一是震惊；二是都佩服徐氏。徐氏以退为进，终于替老公报仇雪恨了。

孙权听到变乱的消息，立即赶到丹阳后，把妫览、戴员余党的全家老小以及亲属统统杀死。提拔孙高、傅婴为牙门，其他有功人员，也都受到不同的赏赐。

# 5

## 老母喊你去吃饭

　　东吴大将甘宁厨房中一个仆人曾犯有过错，逃到吕蒙那儿，请求"政治避难"，吕蒙怕甘宁把仆人杀死，就没有马上送还。后来甘宁带着礼物来拜见吕蒙的母亲，吕蒙才将那个厨子送还甘宁，甘宁当时答应吕蒙不杀那人。过了一会儿回往船上，甘宁将仆人绑在桑树上，亲手用箭射死了那个人。甘宁也知道自己有过错，就自己脱衣躺在船上，等待吕蒙来讨伐。

　　果然，吕蒙大怒，击鼓集合兵士，要上船攻杀甘宁。吕蒙母亲赤着脚跑出来劝吕蒙说："皇上待你如同骨肉，把大事托付给你，怎么能因个人的愤怒而想杀死甘宁呢？甘宁要是死了，纵然皇上不责问你，你作为臣子这样做也是非法的。"吕蒙一向非常孝顺，听了母亲的话，也感觉到自己太莽撞了，就以大局为重，亲自来到甘宁的船前，笑着招呼甘宁："兴霸（甘宁的字，称呼字表示亲切），老母正等你吃饭，快上岸吧！"甘宁一见吕蒙没有杀害自己的意思，也知道自己做得过分了，就流泪说："我真对不起您。"便与吕蒙一起回去拜见吕母，欢畅地宴饮一天。他们演了一出"将相和"，那个仆人却是白死了。

# 6

## 怒不改颜，乐不忘本

卞夫人是曹丕的母亲，在二十岁那年嫁给曹操，后来随曹操到达洛阳。董卓洛阳叛乱的时候，曹操怕遭到迫害，就微服逃出洛阳东行，不久袁术带来曹操已死的噩耗，曹操身边的一些人都是当初跟随他从故乡来到京师的，听到这个消息大家都吵吵嚷嚷要返回老家去。卞夫人这时候挺身而出，制止说："曹君吉凶现在并无确切消息，今天大家都跑回家去，明天若是他返回来，我们还有什么颜面再见他？就是真的有什么大祸临头，我们一同担当有什么大不了的？"众人佩服她，都愿意听从她的安排。曹操后来听说了这件事，也非常赞赏。

后来，曹操立曹丕为太子时，曹操和太子身边的一些随从人员纷纷跑到卞夫人那里表示祝贺说："将军被立为太子，天下都为之高兴，王后您应当把府库中收藏的金银玉帛全部拿出来进行赏赐。"卞夫人回答他们："魏王因为曹丕已长大成人，方才立他为太子。我没犯教子无方的过错就已是莫大的荣幸了，又有什么值得大肆张扬，赏赐众人的呢？"人们把这些话转

《千秋绝艳图》（局部）中的古代仕女

告给曹操，曹操高兴地赞扬卞夫人："怒不改颜，乐不忘本，这的确不容易啊！"

公元219年，曹操封卞夫人为王后，卞后算是古代一位深明大义的女性。

# 7

## 乱世求宝，可不是善策

甄皇后是魏明帝的母亲，父亲甄逸曾任上蔡令，但甄后三岁的时候父亲就死了。

汉末天下大乱，灾荒连年，百姓们为糊口活命纷纷卖掉家中值钱的东西。当时甄家有大量的谷物储备，趁机收购了很多金银宝物。甄氏当时才十几岁，看到这种情形便对母亲说："乱世求宝，可不是善策啊！一个人本来没有罪，但因拥有一件珍宝便可能被定为有罪，这便是人们通常所说的因财丧身。再说眼下众多百姓都在饥饿之中，不如将我家谷物开仓赈济四方乡邻，这才算是一种惠及众人的德行。"全家人都认为她说得有理，于是将家中的粮食全部无偿分发给邻里乡亲，得到了乡亲的感激和爱戴，在乱世中也保全了自己。其实即便不这么做，这些粮食估计也会被饥民给抢掠的。

后来袁绍为他的次子袁熙聘娶了甄后。袁熙出任幽州刺史，甄后留在邺城侍奉婆婆。曹操打败袁绍后，曹丕在邺城后宫见到她，钟情于她的美貌，于是收为自己的妻子。

公元220年十月，汉献帝禅让帝位给曹丕。禅位以后，改封为山阳公的献帝把两个女儿许配给曹丕，另有郭皇后和李、阴两位贵人也深得曹丕宠幸，甄后则日益受到冷落，为此她不免流露出一些怨言。曹丕听到后大怒，公元221年六月，赐死于她，死后葬在邺城。一个有见地的奇女子就这样香消玉殒。

# 8

# 一定要管好娘家人

公元 221 年，曹丕册立了郭皇后。郭后自幼聪慧异常，非一般女子可比，父亲郭永为之惊奇，对家人说："这孩子真是我们家的女王啊！"遂以"女王"为字。

郭皇后被立为皇后以后，虽然备受曹丕宠爱，却更加谦恭。对婆母卞太后关心得无微不至，孝名远扬。郭皇后常仰慕汉明德马皇后的为人，并且遏制自己家族在朝政的势力，不让其胡作非为。

郭皇后外家的姻亲刘斐要与别国人订婚（别国，或指封国之外，或者吴蜀），郭后听说这件事，就敕令亲戚们说："嫁娶之事，应该安守本分，只要门户匹配的乡里好人家就可以，不能趋炎附势，与高官贵族攀龙附凤。"

她的外甥孟武想纳妾，郭皇后坚决制止，说："如今适龄的女子少而男人多，应该让她们嫁给为国征战的将士。你们本已有妻，就应该与妻子和睦，不可以倚仗权势假借因由将她们娶来做妾。如果族人中有谁违反这规矩，我一定要给予重罚。"同时还经常告诫亲属："汉室那些外戚，极少有能保全自己的，都是由于骄奢靡费，对此不能不谨慎啊！"

公元 225 年，曹丕又东征孙吴，到达了广陵郡，郭皇后则被留在了曹氏故里谯县的行宫。当时，郭表留在行宫当警卫，便想动用公家的建材筑坝拦水捉鱼。郭皇后知道后便劝阻他说："河流首要的应当保证运输军粮的船只畅通，况且现下又缺少木料，家中负责经办这些事的奴客不在，而你却又要私取官府的竹木建造拦水的堤坝。如此说来，你这个奉车校尉不就是'捕鱼校尉'了吗？"

在对待娘家人这件事上，郭皇后的婆婆卞太后做得也不错。

曹丕曾下诏："妇人参政，是国家动乱的根源。从今以后，大臣有事不得向皇太后上奏，皇太后和皇后的亲属不能担任辅佐朝政的大臣，也不能封为王或诸侯。这一诏书要传给后代，谁若违背，天下共诛之。"卞太后每次会见自己的亲属，都很冷淡，怕他们仗势欺人。她常说："生活要节俭，不应有盼望赏赐、贪图安逸的想法。我的族人常怪我对他们太薄情，这是因为我有自己的准则。我侍奉武皇帝四五十年，已经过惯了俭朴的生活，不可能变得奢侈豪华。族人违犯法令制度，我还要比对平常人罪加一等，不能指望我会送金钱、粮食给你们，或者宽免你们。"

# 9

# 枕头风的力量

枕头风通常指妻子晚上跟丈夫说说话，针对某个主题，表达一下自己的见解，这就是"吹吹枕头风"。不管过去还是现在，枕头风的力量还是蛮大的。

曹洪，字子廉，是曹操的从弟。曹洪家富但性格吝啬，曹丕小时候曾向他借用一百匹绢，曹洪没有借给他，曹丕非常恨曹洪，所以后来借口曹洪宾客犯法，把曹洪本人下狱要处死。大臣们都束手无策，卞太后气愤地责备曹丕："当年在梁沛之间大战时，若没有曹洪，我们怎么会有今天。"但是曹丕仍不赦免。卞太后找到郭后，对她说："皇帝要是今天处死曹洪，我明天就要他废掉你这个皇后！"在被太后以废后威胁之下，郭皇后才只好出面为曹洪说情。她多次痛哭于曹丕面前，请求皇帝开恩，曹丕也是看着郭皇后的面子，最终曹洪仅被免官削爵，保全了性命。

卞太后都不可以改变儿子的决定，郭后做到了。可见郭皇后的枕头风的威力。

枕头风的影响过去有，以后还会有，因为它是女人影响男人决策的一种行之有效的手段，再来看一则事例：公元 274 年七月初六，晋皇后杨氏去世。当初，晋武帝觉得太子不聪明，担心他不能挑起继承王位的重任，曾经秘密地和皇后商议。皇后说："立太子是以长子而不以才德，怎么能改变？"镇军大将军胡奋的女儿是贵嫔，受到晋武帝的宠爱。杨皇后病重时，担忧晋武帝以后会立贵嫔为皇后，将会威胁太子的地位。她头枕着晋武帝的膝，流着眼泪说："叔父杨骏的女儿杨芷，既有德，又有容貌，希望陛下选她入宫。"晋武帝流着眼泪答应了。可见枕头风的威力。

# 10

# 刘备的老婆们

《三国演义》中刘备有一句经典名言：兄弟如手足，妻子如衣服。意思就是妻子就像衣服一样，随时都可以换新的。那么，刘备一生中究竟有多少老婆呢？

刘备从陶谦手里接管了徐州之后，用糜竺、陈登为辅佐。糜竺原来是一个商人，家产十分丰厚。他有一个年已及笄（因称女子满 15 岁为及笄。也指已到了结婚的年龄，如"年已及笄"）的妹妹，长得十分美艳。为了讨好刘备，他便将妹妹送给了刘备，并将家产全部给了刘备充作军资。

刘备住在小沛，那时纳甘夫人为妾。刘备几次死去正妻，甘夫人常常主持家政。她随刘备到荆州后，即生下后主刘禅。在这以后的一段时期内，刘备便有了甘、糜二夫人陪伴左右。

后来孙权把妹妹许给刘备，她与刘备结成政治婚姻。刘备入蜀后两人分离，

刘备招亲邮票

孙权接她回到东吴。

刘备最后一位妻子是穆夫人吴苋，吴苋的哥哥吴壹，少年丧父，因吴壹父亲生前一直与刘焉交情深厚，故全家随刘焉来到川蜀。刘焉听相面者相穆夫人面相后说她将是大贵之人，当时跟随刘焉身边的儿子只有刘瑁，于是他为儿子刘瑁娶了穆夫人。刘瑁死后，穆夫人在刘家守寡。刘备平定益州后，孙夫人返归东吴，于是刘备迎娶穆夫人为妻子。公元 219 年，穆夫人被立为汉中王王后。公元 221 年夏五月，刘备称帝，册封穆皇后，她算是修成了正果。

# 11

## 嫉妒是女人的一种天性

有人说：嫉妒是女人的一种天性。所谓的嫉妒，民间来说就是"吃醋"。令人奇怪的是，女人嫉妒的对象也多是女人，一个女人的相貌、才华、爱情、家庭、金钱等，都有可能使另一个女人心生妒意，甚而坐立不安，但是也有人因为嫉妒而丧失了性命。

公元227年十二月，魏明帝立贵嫔河内人毛氏为皇后。以前，明帝为平原王时，娶河内人虞氏为妃；继位为帝以后，虞氏没有被立为皇后，太皇卞太后因此而安慰和劝抚她。虞氏说："曹氏家族本来就好立地位低贱、没有按照礼义推举的人。然而皇后管理宫内事务，国君负责朝廷政事，内外相辅

明末清初陈洪绶《松荫仕女图》

而成；如果没有好的开端，就绝不会有好的结果，恐怕一定会因此而亡国灭宗了。"由于卞太后也是低贱出身，虞氏因此被贬回邺城的皇宫。

这里还有一个因为嫉妒导致性命丢掉的例子。公元237年，西平人郭夫人被魏明帝宠爱，明帝对毛皇后的宠爱逐渐消失。明帝游逛后花园，尽兴欢宴，郭夫人请让毛皇后参加，明帝不准许，并下令左右的人不得泄露。毛皇后知道了这件事，第二天问明帝说："昨日在北园游乐欢宴，高兴吗？"明帝一听，知道是左右的人泄露了消息，一气之下连杀了十几人。仍不解气，过了几天，命毛皇后自尽，不过还是追加谥号，称悼皇后。

# 12

## 魏明帝任女尚书

女官存在的历史很长，记录三千年前周代礼制的《周礼·天官》中，

便有《女史》一节：女史，掌王后之礼职。掌内治之贰，以诏后治内政，逆内宫，书内令。周代共设女史八人。

在古代，女子的地位不高，出来做官的更是凤毛麟角。而独在后宫内女人可以做官，不过也有例外。公元235年，魏明帝沉迷于宠妃美女之中，宫中女官的官位和俸禄比照文武百官的数目，自贵人以下到担任宫廷洒扫的宫女有千人，挑选读书识字可以信赖的六人任为女尚书，让她们审查不经尚书省直接上奏的朝臣奏章，分别处理，可者准奏。

廷尉高柔上书说："……《周礼》规定，天子可有后妃以下一百二十人，嫔妃的仪制，已经够盛大了。我私下听说，后宫的人数可能已超过这个数目，圣下的子嗣未能昌盛，大概全是由于此吧。我认为可以挑选少量贤淑美女，备齐内官的数目，其余的全部遣送回家，陛下可以专心静养。那么，《诗经·螽斯》所说多子多孙的征兆不久就可出现了。"明帝知道他是不让自己天天泡在女人堆里，就驳斥说："你经常正言进谏，其他事情，请再进言。"

# 13

## 搜括强取天下

魏明帝下诏书命令搜括强取天下仕女，已经嫁给下级官吏和平民为妻的，一律改嫁给出征兵士，允许以相当数目的牛马牲畜赎回。还选拔其中更美貌的送到皇宫。

太子舍人沛国人张茂上书直言劝谏："陛下是上天之子，小吏、平民也是陛下之子。如今夺取那个给予这个，也和夺兄之妻嫁给弟弟没什么区别，作为父母来说，就是有所偏爱了。还有，诏书说可以用年龄、毛色与妻子价值相当的马牛牲畜代替，所以富家则倾家荡产，穷人则典当借债，用昂贵的价钱买来牲畜以赎回他的妻子。朝廷以配妻给出征战士为名义而实际上是送到皇宫，色衰丑陋的才配给士兵。这样，配到妻子的人未必高兴，而失去妻子的人必定忧伤，或者穷困或者忧愁，都不如愿。……"明帝却对他的建议并未理睬。

# 14

## 她的话一定要听

北宋李公麟《簪花仕女图》

　　辛宪英是魏侍中辛毗之女、辛敞之姊，此女非常聪明，看得也长远。公元217年，魏立五官中郎将曹丕为太子。太子曹丕抱住议郎辛毗的脖子说："辛君，你替我高兴吗？"辛毗把这件事对他女儿宪英谈起，宪英叹息地说："太子是代替君王主持宗庙和社稷的人。代替君王，不可以不忧虑；管理国家，不可以不恐惧。他本应忧虑和恐惧，却反而很高兴，怎么能长久！魏是不会昌盛的！"

　　公元249年，曹爽出城，司马鲁芝留在府中，司马懿趁机掌握大权。司马鲁芝出城投奔曹爽，呼唤参军辛敞，想让他与自己同去。辛敞是辛毗之子，辛敞与姐姐辛宪英商量说："天子在外，太傅司马懿关闭了城门，人都说这将不利于国家，事情能这样吗？"宪英说："以我看来，太傅的这个举动，不过是想诛杀曹爽而已。"辛敞说："那么事情能成功吗？"宪英说："恐怕会接近成功吧！曹爽的才能是不能与太傅相比的。"辛敞说："那么我可以不必出城了？"宪英说："怎么可以不出去呢？忠于职守，是人之大义所在。你只要随大流就可以了。"于是辛敞跟随出城而去。事情平定之后。辛敞感叹地说："如果我不是先同姐姐商量，几乎背离了大义。"

后来，钟会伐汉时，辛宪英对她丈夫的侄子羊祜说："钟会做事恣意放纵，这不是长久地处于臣下地位的做法，我恐怕他有其他的想法。"钟会请求让她儿子郎中羊琇为参军，辛宪英忧虑地说："以前我为国家担忧，今日大难降临我家了。"羊琇坚决向晋王司马昭请求不担任参军，但司马昭不答应。辛宪英对羊琇说："你去吧，但要警惕小心，在军队之中可以行得通的，只有仁恕二字。"结果羊琇竟然安全地返回。等平定钟会叛乱后，诏命因羊琇曾劝谏钟会不要反叛，而赐爵关内侯。

一个妇女，足不出户或鲜有出户，却有着如此高的政治洞察力，每言必中！的确让人惊叹。辛毗、辛敞、羊琇，乃何等人物？但当他们遇到大事，都去找宪英询商，可见宪英的智力识鉴确实为人所推崇信赖，可算是巾帼豪杰了。

# 15

## 贞洁烈女，夏侯令女

公元 249 年，曹爽堂弟曹文叔之妻夏侯令女，早年守寡而无子，其父夏侯文宁想让她改嫁，夏侯令女用刀割下两耳以示誓死不嫁，真是个烈性的女子。

夏侯令女平时居家度日常常依靠曹爽。曹爽被司马懿诛杀后，夏侯家上书断绝婚约，并强行把夏侯令女接回家，将再次让她改嫁；夏侯令女悄悄进入寝室，又自己用刀割断了鼻子，其家人十分惊愕惋惜，对她说："人生世间，如轻尘栖弱草耳，何至自苦乃尔（人生在世，就如同轻轻的尘土栖息在柔弱的草上而已，你何必这样自讨苦吃呢）？而且你丈夫家人已被杀尽，你苦守着这个家到底是为了谁呀？"夏侯令女回答说："吾闻仁者不以盛衰改节，义者不以存亡易心（我听说过，仁人不会因盛衰而改变节操，义士也不会因存亡而改变心志）。曹家以前兴盛之时，我尚且想终生守节，何况如今衰亡了，我怎么忍心抛弃它？这是禽兽的行为，我岂能这样做？"司马懿听说后，很称赞她的贤惠，于是就听任她收养了儿子作为曹家的后代。

# 16

## 宫女们待她昏睡后，一起将她勒死

孙权的潘夫人是会稽郡句章县人，她的父亲做过小官，因犯法被处死。潘夫人和姐姐一起被送进皇宫的织室，孙权见了她觉得她与一般女子不一样，于是召入后宫。潘夫人得到宠幸后而有身孕，生下孙亮。公元250年，孙亮被册立为太子，次年，潘夫人被册立为皇后。

潘夫人为人阴毒妒忌，也善于谄媚，自进宫到去世，诬陷加害过皇宫里的很多人，皇宫里上上下下的人都对她十分厌恶。

孙权生病，潘夫人派人请教中书令孙弘关于当年吕后专制的事情，意思是万一孙权去世，她就想专制天下，这一下，宫内更是紧张，人人自危。正巧，潘夫人在侍候孙权时过分劳累，

明代唐寅《孟蜀宫伎图》

故此虚弱而病倒，宫女们待她昏睡后，一起将她勒死，托词说她暴病身亡，提前解决了这个祸患。可见这个潘夫人是多么不招人待见。后来事情泄露，由此被处死六七人。孙权不久去世，潘夫人与他合葬于蒋陵。没能成为第二个吕后，或许是她最大的遗憾吧！

# 17

## 母亲改嫁，姐姐守寡

骆统是三国时吴国偏将军，很有才干，但是他的命运不是太好。骆统的父亲骆俊，官至丞相，被袁术所暗杀。骆统的母亲就改嫁做了华歆的妾，骆统当时八岁，于是与亲戚一道回到会稽。

当时天下大乱，年岁饥荒，乡里及远方来的人大多生活困顿，骆统为了帮助他们而减少自己的饮食。他的姐姐仁爱有德行，守寡无儿回到娘家，看到骆统的样子心里十分难过，多次问他是什么原因。骆统说："士大夫们连糟糠都不能吃饱，我哪来心思自己个人吃饱？"他的姐姐心疼弟弟就将自己的粮食给了骆统，又将此事告知母亲，母亲也认为他很贤德，于是叫人分发施舍，他的好名声也传得很远。

后来孙权任命骆统做乌程相，乌程百姓超过万户，都赞叹他能仁惠治理。公元 228 年，孙权在武昌称帝。不久，骆统因经年征战，积劳成疾而客死他乡，年仅三十六岁。

# 18

## 嫁出去的姑娘泼出去的水

俗话说：嫁出去的姑娘泼出去的水，这来源于古代的制度。先秦时就规定，女儿出嫁是不允许回家的，回家无外乎几种情况：夫君死，国家亡！到后来，随着时代发展，女性可以回家省亲，所以留下了这句俗话，因为出嫁的女儿一旦离开母亲，就可能一辈子都回不来了。听起来虽然残酷，但是也有从中受益的。

公元255年，诛杀毌丘俭的三族。毌丘俭的同党七百余人皆被逮捕入狱，由侍御史杜友处理，只诛杀首犯十余人，其余皆奏明朝廷而赦免其罪。毌丘俭的孙女嫁给了刘氏，本应当处死，但因有身孕便关在廷尉狱中。司隶主簿程咸议论说："已经出嫁的女子，如果已经生育了孩子，那就成了别人家的母亲，将她定罪，对于防止犯罪来说不足惩戒奸乱之源，对于情理来说则伤害了孝子之情。男子不受其他家族罪行的牵连，而女子却偏偏要受到父母家和丈夫家两个家族罪行的牵连，这不是同情怜悯弱女子的政策。这些问题都是法制的重要内容，我认为未出嫁的女子可以随同父母的罪行而治罪，而已经出嫁的妇女就要随同丈夫家的罪行而治罪。"朝廷采纳了这个建议，并写入了法律条款。嫁出去的姑娘泼出去的水，既然嫁出去了，就不是这家人了，当然，有罪也追究不到了。

# 19

## 太后被人当枪使

公元 260 年四月，皇帝曹髦不甘心做傀儡，带领官中士卒去挑战大将军司马昭结果被杀害，年仅二十岁。

司马昭不愿承担弑君罪，遂用太后的名义，以不敬太后、自寻死路的罪名将曹髦的皇帝尊号废掉。皇太后被人当枪使，只好下诏，内容也是司马昭让人写好的，不是皇太后的本意。诏书上说："我的仁德不足，所以家中接连出现不幸的事。前者我推荐了东海王曹霖的儿子曹髦，让他来继承明帝的帝位，见他爱好读书，喜欢审阅朝臣们的奏章，期望他能做出一番事业。不想他性情暴戾，一天甚于一天。我多次对他加以斥责，他对我由此也产生了愤恨，散布种种卑劣的谣言来诽谤我，并且不再与我来往；至于他攻击我的那些话，简直不敢听闻，为天地所不容。

我曾私下给大将军下令说：他不能祭祀宗庙，让他做君王势必要葬送江山，使我无颜见九泉之下的先帝。大将军总是说念他年幼，我们还是多多加以教诲引导，使他改心从善。谁知此儿恨我所言，越发变得放肆无礼，竟持弓在远处射我的住处，诅咒要射中我的喉咙。那箭矢就落在我的跟前。我只好告诉大将军：这小子不可不废。前后说了数十遍，此儿把这些都知道了，他自知罪重，企图杀掉我。他买通我身边的人，在我服用的药中下鸩毒，想暗中毒死我，并设计了许多方案。事情败露后，他便想在会面时拥兵闯入西宫杀死我，再杀大将军。……此儿还是带着人马冲出皇宫云龙门，亲自擂鼓举刀，乱哄哄地与大将军的军队交锋，结果在混战中身亡。……"

欲加之罪何患无辞，司马昭之心还真是路人皆知！

# 20

## 一家出了两位皇后

公元276年，晋朝立杨氏为皇后，大赦天下。皇后是元皇后的堂妹，容貌美丽也有德行。晋武帝当初和皇后订婚的时候，皇后的叔父杨珧上表说："自古以来，一个门里有两位皇后，还没有能够保全其宗族的。我请求把我所上之表收藏在宗庙里，哪一天如果我的话应验了，我也可因此而免于灾祸。"晋武帝答应了他。

十二月，晋朝任命皇后的父亲、镇军将军杨骏为车骑将军，封为临晋侯。很多大臣都上表，说杨骏度量狭隘，不可委以国家重任，晋武帝不听。杨骏骄傲，自以为得意，胡奋对杨骏说："你仗着女儿越来越强横了。历观前代历史，凡是和天子结亲的，没有不遭灭门之祸的，差别只不过时间早晚而已。"杨骏说："您的女儿不是也在天子家里吗？"胡奋说："我的女儿只是给你的女儿当女仆而已，不足以造成什么好处或害处！"

公元290年，晋武帝司马炎病重，杨骏将其软禁在含章殿，身边侍卫皆换为自己心腹。趁武帝昏厥之时与皇后篡改诏书，立自己为太尉、太子太傅、都督中

故宫南薰殿旧藏宋仁宗皇后画像

外诸军事、侍中、录尚书事，并督促司马亮往许昌上任。

公元291年，贾后政变，太傅主簿朱振劝杨骏烧云龙门斩贼首，引兵拥太子入宫。杨骏怯懦不决，最终被人杀死在马厩里。孟观等收押骏弟杨珧、杨济，皆夷三族，也证实了杨珧的预言。

　　人总是要死的，从出生开始，就是走向死亡，不论是帝王将相还是当朝权贵，概莫能外。汉人司马迁说："人固有一死，或重于泰山，或轻于鸿毛。"同是一"死"，但"死"的意义却大有不同！能不能死得"重于泰山"，不一定由得了自己，但要不要死得"轻于鸿毛"，却由不得别人！幸运的人死法总是相似的，不幸的人死法各有各的不同。

　　死法不外乎老死、病死、被杀、自杀、天灾人祸等。除了正常的死法之外，还有很多"非正常"的死法，本章就为读者一一展示。

# 1

## 董卓做人太过分

　　董卓性情残暴，随意杀人，部下将领言语稍有差错，就被当场处死，致使人人自危。司徒王允与司隶校尉黄琬、仆射士孙瑞、尚书杨瓒等密谋除掉董卓。

　　董卓也知道自己不得人心，也曾因此遇刺，于是就常常让吕布做自己的随从侍卫，对他十分宠信，发誓说情同父子。可董卓为人偏激，曾经因为一点小过失对吕布大发雷霆，拔出手戟随手就朝吕布扔了过去。幸而吕布身手敏捷地避开后，事后两人都觉得太过分，互相道歉。然而，这件事不可避免地给吕布心中留下了阴影。

民国时期《吕布戏貂蝉》

　　董卓命吕布在自己家守卫自己，吕布乘机与董卓的一位侍女私通（《三国演义》里面说是貂蝉，其实不是，历史记载上没貂蝉这个人），吕布一直害怕董卓知道后处分他。王允一向待吕布很好，吕布见王允时，主动说出几乎被董卓所杀的事情，于是王允将诛杀董卓的计划告诉吕布，并让他做内应。吕布说："但我们有父子之情，怎么办？"王允说："你自姓吕，与他本没有骨肉关系，如今顾虑自己的生死都来不及，还谈什么父子之情！他在掷戟之时，难道顾念父子之情了吗？"吕布于是应允。

公元192年四月，献帝患病初愈，在未央殿大会朝中百官。董卓身穿朝服，乘车入朝。董卓并不曾放松警惕，三步一岗五步一哨地前往宫中。然而，这些岗哨中夹杂了吕布安排的勇士十几人，专门"伺候"董卓。吕布让同郡人、骑都尉李肃与勇士秦谊、陈卫等十余人冒充卫士，身穿卫士的服装，埋伏在北掖门等待董卓。董卓一进门，李肃举戟刺去，董卓内穿铁甲，未能刺入，只伤了他的手臂。董卓跌到车下，回头大喊："吕布在哪里？"吕布说："奉皇帝诏令，讨伐贼臣！"董卓大骂说："狗崽子，你胆敢如此！"吕布没等董卓骂完，就手持铁矛将他刺死，并催促士兵砍下他的头颅。主簿田仪及董卓的奴仆扑到董卓的尸前，又被吕布杀死。吕布随即从怀中取出诏书，命令官兵们说："皇帝下诏，只讨董卓，其他人一概不问。"官兵们听后都立正不动，高呼万岁。百姓大街道上唱歌跳舞，以示庆祝。长安城中的士人、妇女卖掉珠宝首饰及衣服，用来买酒买肉，互相庆贺，街市被拥挤得水泄不通。

因为董卓做的坏事太多了，就是死了也不得安生。董卓的尸体被拖到市中心示众。当时天气渐热，董卓一向身体肥胖，油脂流到地上，看守尸体的官吏便做了一个大灯捻，放在董卓的肚脐上点燃，从晚上烧到天亮，就这样一连烧了几天。受过董卓迫害的袁氏家族的门生们，把已被斩碎的董卓尸体收拢起来，焚烧成灰，撒在大路上，意思是让万人践踏，可见人们是多么痛恨他。

# 2

## 孙坚父子都是被暗算的

袁术派孙坚去攻击荆州刺史刘表，刘表派部将黄祖在樊城和邓县一带迎战。孙坚打败黄祖，于是围困襄阳。刘表派黄祖乘夜偷偷出城，前去调集各郡的军队，黄祖率军想要返回襄阳时，孙坚迎击，黄祖败退，逃入岘山。孙坚乘胜连夜追赶，黄祖的部曲潜伏在竹林树丛之中，用暗箭将孙坚射死。

孙坚有四个儿子：孙策、孙权、孙翊、孙匡。公元194年，孙策前往跟随袁术。袁术认识到孙策非同一般之人，便将孙坚的部队交还孙策。

起先，孙策杀许贡，许贡的小儿子与门客逃亡隐居在长江边。公元200年，曹操与袁绍在官渡对垒相持，孙策暗中盘算袭击许昌，迎取汉献帝，便秘密整顿军队、部署将领。一次孙策单枪匹马外出，猝然与许贡的门客相遇，门客击伤了他。孙策伤势甚重，招呼孙权，将印绶交予他，到夜间孙策便死去，时年二十六岁。

孙坚这对父子都被暗算致死，关键是因为他们太相信个人的能力了，喜欢独自外出，所以容易被人暗算。

# 3

# 袁术称帝，死得离奇

公元199年，袁术称帝后，生活上更加奢侈和荒淫，后宫妃嫔有数百人，无不身穿绫罗绸缎，饱食精美的饭菜。属下将士饥饿困苦，他却毫不关心。不久，储存的各种物资都已耗尽，无法维持，袁术于是烧毁宫殿，去投奔自己的部将陈简、雷薄，但又遭到陈简等人的拒绝。于是袁术大为困窘，部下士兵不断逃走。

袁术无计可施，只好派人把皇帝的尊号送给他的堂兄袁绍，袁绍儿子袁谭从青州来迎接袁术，想从下邳北方通过。曹操派遣刘备及将军、清河人朱灵率军进行拦截，袁术无法通过，再退回寿春。六月，袁术到达江亭，坐在只铺着竹席的床上，叹息说："我袁术竟落到这个地步吗！"而后气愤感慨成病，吐血而死。

袁术根本不考虑自己的实力，也不顾天下大势，就盲目称帝，只是过了过皇帝瘾，为了个虚名，最后断送了性命，这也是可以预见的下场。

# 4

# 田丰知道自己活不了

　　田丰在袁绍的谋士里算是第一等了，当初消灭公孙瓒就是他的计策。到了官渡之战的时候，田丰看到了曹操的危险性，提出了稳扎稳打的策略，可惜不被采纳，力劝之下还被下狱。

　　官渡之战，袁绍失败。袁军全面崩溃，袁绍率领八百名骑士渡过黄河而逃。曹军追赶不及，但缴获了袁绍的全部辎重、图书和珍宝。有人对在监狱里的田丰说："您一定会受到重用。"田丰说："袁绍外貌宽厚而内心猜忌，不能明白我的一片忠心，而我屡次因直言相劝而触怒了他，如果他因胜利而高兴，或许能赦免我；现在因战败而愤恨，妒心将要发作，我难以活命啊。"

　　这时，袁军将士都捶胸痛哭，说："假如田丰在这里，一定不致失败。"袁绍对逢纪说："留在冀州的众人，听到我军失败，都会挂念我；只有田丰以前曾经劝阻我出兵，与众人不同，我也感到心中有愧。"逢纪说："田丰听说将军失利，拍手大笑，庆幸他的预立实现了。"袁绍因为没有用田丰的计策，怕被他取笑，就下令把田丰处死。

　　田丰的预言成真了，袁绍自毁臂膀，真是庸才。

# 5

## 麋竺惭愧而死

麋竺家中仆役上万，财产极为丰厚。后来徐州牧陶谦征召他为州别驾从事。陶谦去世后，麋竺奉陶谦遗命，前往小沛迎请刘备。

公元196年，吕布趁刘备出兵抗拒袁术之机，袭击下邳，俘获刘备的妻子儿女。刘备率军转往广陵郡海西县，麋竺于是将自己的妹妹献给刘备做夫人，同时献上两千奴仆，以及许多金银财产助刘备做军需费用。刘备当时极为困窘，凭借这笔财富得以重新振作。平定益州后，刘备任命麋竺为安汉将军，位次在军师将军之上。

麋竺为人忠厚，处事优雅，但谋略才干非他所长。故此刘备总是对他待以上宾之礼，却从不让他统率军队，然而赏赐丰厚，十分宠信，没有人能够与他相比。

《千秋绝艳图》中的仕女形象

麋竺的弟弟麋芳为南郡太守，与关羽共事，但两人私下感情不和，麋芳就反叛了，投降了孙权，关羽因此兵败身亡。事后麋竺将自己反绑来向刘备请罪，刘备劝慰他，兄弟犯罪不与他相关，仍像过去一样对待他。糜竺因惭愧恚恨而发病，一年多后即死去。

# 6

## 吕布被绞死了

公元 198 年，吕布依附袁术，并派高顺去攻打沛县的刘备，刘备大败，去向曹操求救。曹操亲征吕布，到了下邳城下，写了一封信给吕布，劝他投降。

吕布一面派人向袁术求救；一面自己率千余名骑兵出来应战，大败，只得退回城中死守，再也不敢出战。袁术实力不济，也不能救他。

吕布虽骁勇刚猛，但少谋而心胸狭窄多猜忌，他不能控制部下，而他的部将也是各怀心思，相互猜忌，所以每次战斗，总以失败告终。

曹操在城下挖了壕沟，把吕布包围了三个月，吕布与手下貌合神离，将领侯成、宋宪、魏续捆着陈宫，领兵投降。吕布与他的麾下登上白门楼，眼见曹操层层围住自己，只得下城投降。

曹操生擒了吕布，在捆绑时，吕布说："绑得太紧了，稍微松一点儿吧。"曹操说："捆老虎，不得不捆紧一点。"吕布请求说："您所担心的不就是我吕布吗？如今我臣服了，天下就没有值得您忧虑的事了。您领步兵，就让我领骑兵，那天下就不难平定了。"曹操听了，犹豫不决，因为吕布确实是一员不可多得的大将。这时候刘备怕曹操得了吕布，如虎添翼，就进言说："明公难道没见吕布侍奉丁建阳及董太师时的情形吗？"曹操点头表示明白他的意思，因为丁建阳及董卓太师都是被吕布杀死的。吕布还指望刘备救他呢，没想到刘备在害他，于是怒骂刘备："你是最无信义的小人。"曹操衡量了一番后，还是将吕布绞死了。

# 7

## 周瑜不是被气死的

周瑜是孙策的朋友，孙权的母亲吴太夫人又曾让孙权把周瑜当作兄长来尊敬。当时，孙权的职位只是讨虏将军，部下将领与宾客们对他的礼节还较为简单，而只有周瑜带头，以臣子的礼节侍奉孙权。程普自以为年龄比周瑜大，多次凌辱周瑜，周瑜却降低自己的身份来对待程普，始终不与他计较。后来，程普佩服周瑜，对周瑜亲近敬重，于是告诉别人说："与周公瑾交往，好像喝下醇厚的美酒，不知不觉就已沉醉。"

在《三国演义》里，作者罗贯中把周瑜写得气量很小，其实恰恰相反，周瑜是个大度的人，《三国演义》写诸葛亮三气周瑜，把周瑜气死了，这也是演义，周瑜其实不是被气死的。

赤壁之战之后，周瑜到京口去拜见孙权，请求带兵夺取蜀地，吞并张鲁，据守襄阳，紧逼曹操，准备规划进取北方。孙权同意这个计划。周瑜回到江陵准备行装，在途中病势沉重，上书给孙权说，鲁肃为人忠烈，临事不苟，可以接替我的职务。因为病重就在巴丘去世。

孙权得到消息后，十分悲痛，大哭着说："周瑜有辅佐帝王的才能，现在忽然短命而死，我依靠谁呢？"孙权亲自到芜湖去迎接周瑜的灵柩。出师未捷身先死，长使英雄泪满襟。周瑜称得上是三国时期一位俊杰。

# 8

## 谁杀死了关羽

吕蒙端了关羽的老窝，关羽领兵在外，多次派使者与吕蒙联系，吕蒙每次都厚待关羽的使者，允许在城中各处游览，向关羽部下亲属各家表示慰问，有人亲手写信托他带走，作为平安的证明。使者返回，关羽部属私下向他询问家中情况，知道家中平安，所受对待超过以前，因此关羽的将士都无心再战了，逃跑的很多。

关羽自知孤立困穷，便向西退守麦城。孙权派人诱降，关羽伪装投降，把幡旗做成人像立在城墙上，然后逃跑，士兵都跑散了，跟随他的只有十余名骑兵。孙权已事先命令朱然、潘璋切断了关羽的去路。十二月，潘璋手下的司马马忠在章乡擒获关羽及其儿子关平，予以斩首，于是，孙权占据荆州。后世把关羽尊为忠义无双的一员虎将，没想到死在无名之辈马忠的手里。

古画中的武士形象

# 9

## 吕蒙是被庸医治死的

吕蒙打败关羽，夺回了荆州，孙权任命吕蒙为南郡太守，封国孱陵侯，赐钱一亿，黄金五百斤。吕蒙坚决不接受黄金和钱，孙权不答应。封爵令尚未颁发，适逢吕蒙发病，当时孙权在公安，把吕蒙接来安置在自己的内殿，用了上百种药方给他治病，并悬赏国中有能治好吕蒙的疾病者，赐予千金。

有的医者用针针灸、有的用中药、有的看面相、有的用外敷，总之，能试的都试了，吕蒙就是没病，这样折腾也受不了啊，孙权也是病急乱投医，也别说，吕蒙病情有所好转，孙权很高兴，下令大赦，群臣全都上前庆贺。后来吕蒙病情加重，孙权亲自到病榻前探望，命令道士在星辰下为吕蒙祈求延寿，但是不起作用，吕蒙四十二岁时死在孙权内殿。

吕蒙本身病重是一方面，但是那些医生的胡乱治病，也加速了他的死亡，孙权欲速则不达，可以说是庸医治死了吕蒙。

# 10

## 有亲儿子不要干儿子

刘封本来是罗侯人寇姓人家的儿子，汉中王刘备刚到荆州时，没有儿子，收刘封为养子。刘备入蜀，进攻刘璋，当时刘封二十多岁，有武艺，力气超人，带兵与诸葛亮、张飞等逆流沿江西上，攻无不克。益州平定以后，刘封被任命为副军中郎将。

自从关羽围攻樊城、襄阳，连续传呼刘封、孟达，命令他们派兵相助。刘封、孟达以自己山郡之地刚刚平定，不可轻举妄动为借口，拒绝关羽的命令。等关羽兵败被杀，刘备对二人十分痛恨。

刘封与孟达之间互相恼恨争斗不和，刘封不久抢走孟达的仪仗乐队。孟达既恐惧自己所犯罪过，又十分愤恨刘封，得罪不起这个"皇二代"啊！于是上表向刘备告辞，率领自己的部属投降魏国。

曹丕赞赏孟达的才能，让孟达兼任新城太守，派征南将军夏侯尚、右将军徐晃和孟达一起袭击刘封。孟达写信劝降，告诉他刘备不是那么的待见他，不投降恐怕是死路一条，刘封不听。蜀国上庸太守申耽背叛刘封，投降了曹军。刘封被击败，逃回成都。

诸葛亮认为刘封傲慢固执，性情凶悍，顾虑在刘备去世后，无人能控制他，劝刘备借此机会，将他除掉；于是刘备赐刘封死，让他自尽。刘封叹息说："真悔恨没听从孟达的劝说啊！"刘备有了亲儿子，就不要干儿子了，为了亲儿子，也要除掉干儿子啊。

# 11

## 谁杀死了张飞

张飞,字益德,刘备自立为汉中王后,任命张飞为右将军,并赐予"假以符节"的权力。关羽待下级士卒很和善,对上层士大夫很傲慢;而张飞则敬重社会上层人物，对士卒百姓不加爱抚。

刘备经常告诫张飞说："你刑罚过严，杀人太多，再把那些受过鞭打的将士留在自己的身边，这是招来祸患的做法。"张飞还是不改。

刘备因为关羽被东吴杀死，就征伐东吴，张飞遵令准备率领一万人马，从阆中出兵赶赴江州与刘备会合。临发兵前，张飞因为帐下部将张达、范强没有按照他的要求制作好军械，准备治罪，张达、范强害怕被杀害，就杀害了张飞，并割下他的首级，顺江而下投奔孙权。张飞军营都督上表飞报刘备，刘备一听到张飞都督有表上奏，立刻明白了，说："唉！张飞死了。"后来，刘备进攻东吴失败，在白帝城也去世了，这情同手足的弟兄三人，死的时间相隔都不远。

古画中的张飞形象

# 12

## 李严怎么死的

公元223年，刘备病重，李严与诸葛亮一道受遗诏辅佐少主刘禅；以李严为中都护，统管内外军事，留下镇守永安。公元230年，李严被升为骠骑将军。诸葛亮考虑到第二年要出兵，便命令李严以中都护身份代行丞相府事权。李严这时改名为李平。

公元 231 年春，诸葛亮出兵祁山，李平负责督运粮草。夏秋之季，正逢阴雨连绵，粮草运输供应不上，李平派参军狐忠、督军成藩传话给诸葛亮，让他撤军，诸葛亮得到信后答应退兵。李平听说军队已撤退，于是又故作惊讶，说："军粮充裕，怎么又退军呢！"用意在于解脱自己督办粮草不力的责任，显出诸葛亮延误战机的错误。他又上奏后主，说"军队伪装撤退，其实是用来引诱敌人好与其决战"。诸葛亮便将李平的前后书疏原本手迹递上去，李平的错误和矛盾一下子暴露无遗。李平理屈词穷，只得叩头认罪。于是诸葛亮上奏弹劾李平，废李平为民，流放梓潼郡。

李平流放之时常企望诸葛亮会再次起用他，因为只有诸葛亮知道他的能耐，也只有诸葛亮能给他一个重新做官的机会，但是人算不如天算，公元 234 年，李平听说诸葛亮去世，考虑到以后的人不可能再用他，于是发病而死。

# 13

## 于禁被羞辱死

公元 219 年，关羽自己率军向樊城的曹仁进攻。曹仁派左将军于禁、立义将军庞德等人驻守樊城之北。八月，天降大雨，汉水泛滥，平地水深数丈，于禁等开路兵马都被大水所淹。于禁和将领们登到高处避水，关羽乘大船前来进攻，于禁等无处可逃，只好投降。庞德拼力死战，翻船被关羽俘虏。关羽劝降，庞德大骂说："小子，什么叫投降！魏王统率百万大军，威震天下；你家刘备不过是个庸才，岂能和魏王匹敌！我宁可做国家的鬼，也不做贼人的将领！"关羽杀掉了庞德。魏王曹操闻知此事，说："我和于禁相识三十年，怎料在危难之处，于禁反而不如庞德呢！"于是封庞德的两个儿子为列侯。

后来孙权擒获关羽，俘虏关羽部下，于禁又归附于吴国。魏曹丕即位，孙权称藩国，送于禁回归。

曹丕召见于禁，于禁的头发胡须全都白了，面容憔悴，见到曹丕，哭泣着下拜叩首。曹安慰他，封他为安远将军。要他到邺城去拜谒曹操的陵墓高陵。曹丕事先派人在陵园的屋子里画上关羽得胜、庞德发怒、于禁投降的壁画。于禁看到这些画，惭愧悔恨，患病而死。

曹丕这么做，是故意羞辱于禁，俗话说：打人不打脸，骂人不揭短，曹丕还是有点小家子气。

# 14

## 鲍勋被冤枉而死

鲍勋在担任太子中庶子时因性情刚正而得罪曹丕，曹丕很讨厌他。公元223年，尚书陈群、仆射司马懿一同推荐鲍勋为宫正，宫正就是御史中丞。曹丕不得已而任用了他，百官听说鲍勋为宫正，都尊敬畏惧，无不肃然。

曹丕想要征讨吴国，众大臣广泛讨论，鲍勋当面规劝说："我国部队屡次征伐而没能攻克的原因，是因为吴国、蜀国唇齿相依，依山水险要，难以攻拔。现在劳动士兵，袭击遥远的目标，每天耗费千金，国中白白消耗财力，使得狡黠的敌人轻视我国的威势，臣下认为不可。"曹丕更加恼怒鲍勋，把他降职为治书执法。

曹丕从寿春归还，驻军在陈留郡境内。郡太守孙邕知道了，出来探望鲍勋。当时营垒还没建成，孙邕斜着穿行而过，没走正路。军营令史刘曜想追究他的罪责，鲍勋认为壕堑营垒还没建成，调解了这件事情，没有举报。

大军返回洛阳，刘曜犯了罪，鲍勋上奏要求将他废黜遣派，而刘曜却秘密上表，说了鲍勋私下解脱孙邕一事。曹丕正愁找不到机会整治鲍勋呢，就下诏说："鲍勋指鹿为马，逮捕交给廷尉。"廷尉依法议决："治罪刑罚，剃发戴枷做劳役五年。"审查案件的官员驳回："依照律条罚交金子二斤。"曹丕大怒，一心想把鲍勋杀死，当时很多大臣一同表奏"鲍勋的父亲鲍信在曹操时有功劳"，请求赦免鲍勋的罪过。曹丕就是不许可，于是杀了鲍勋。

鲍勋有德有才，廉洁而能施舍，死的时候，家里没有多余的财物。二十天后，曹丕也去世了，没有不为鲍勋叹息遗憾的。如果是曹丕先死，或许鲍勋就能留得性命了。

# 15

# 因为羞愧长大毒疮

曹休是曹操本家的儿子，曹操很喜爱他，让他与曹丕在一起，待他如同亲儿子。曹丕亲征孙权，委任曹休为征东大将军，曹休也十分争气，在洞浦痛击孙权的大将吕范等人，大败他们。

魏明帝即位后，曹休晋封长平侯，迁升为大司马，仍督领扬州。公元228年，曹休率领步骑兵十万人向皖城进发接应周鲂。明帝又命司马懿向江陵方向、贾逵向东关方向，三路大军同时进发。

八月，孙权到达皖城，任命陆逊为大都督。陆逊统率大军，击败曹休，直抵夹石，斩杀、生擒一万余人，缴获牛、马、驴、骡车辆上万以及几乎全部的军资器械。贾逵赶来救援，吴国人从远处看到贾逵部队，惊恐撤走，曹休于是得以返回。贾逵据守夹石，供给曹休士兵粮草，曹休部队才振作起来。开始，贾逵与曹休关系不好，等到曹休失败，依赖贾逵才得幸免于难。

曹休上书谢罪，明帝以曹休是皇族不加追究。但是曹休自己感到十分羞愧，心情郁结，后背就长了大毒疮，不久疮发而死。曹休也是个气性大的人，忍受不了屈辱，他死后，他儿子曹肇继承了爵位。

# 16

## 料诸葛亮活，不能料诸葛亮死

公元 234 年，诸葛亮派遣使节到司马懿军中下战书，司马懿就是不交战，准备耗尽蜀军的粮草，只是向使者询问诸葛亮的睡眠、饮食和办事多少，不打听军事情况，使者答道："诸葛公早起晚睡，凡是二十杖以上的责罚，都亲自过问，所吃的饭食不到几升。"司马懿告诉人说："诸葛孔明进食少而事务烦，他还能活多久呢！"诸葛亮真的病重了，没多久便在军中去世。

唐代的杜甫写了一首《蜀相》诗，来赞美诸葛亮：

丞相祠堂何处寻，锦官城外柏森森。映阶碧草自春色，隔叶黄鹂空好音。
三顾频烦天下计，两朝开济老臣心。出师未捷身先死，长使英雄泪满襟。

长史杨仪整顿军队而退。百姓跑着去报告司马懿，司马懿追赶。姜维命令杨仪掉转战旗方向，擂响战鼓，好像是即将对司马懿进攻。司马懿收军后退，不敢向前逼进。于是杨仪结阵离去，进入斜谷之后才发丧。百姓为此事编了一句谚语说："死诸葛亮吓走活仲达。"司马懿听到后笑着说："这是我能够意料诸葛亮活着，不能料想诸葛亮已死的缘故。"司马懿到诸葛亮驻军营垒处所察看，感叹说："真是天下的奇才啊！"追到赤岸，没有追上蜀军而还。

# 17

## 魏延是被谁杀死的

魏延每次随诸葛亮出兵，都想请求单独率领一万人马，与诸葛亮分兵两路进发而会师潼关，像从前韩信所为，诸葛亮总是制止不允。魏延常以为诸葛亮胆小，叹恨自己的才能没有得到充分的发挥。魏延既善于养兵，又勇猛过人，加上性格矜持高傲，当时大家都对他敬而远之。唯有杨仪对他不宽容不让步，魏延对此十分仇恨，两人关系如同仇人。

公元 234 年，诸葛亮在军中去世，诸葛亮病重时，便秘密地与长史杨仪、司马费祎、护军姜维等讨论筹划他死后退军的安排，让魏延断后，姜维次之；若魏延不服从军令，便弃他不顾，军队照常行动。

魏延派人去观察杨仪等的动静，才知道他们全都准备按照诸葛亮生前安排好的计划，各营依次引兵撤退。魏延得到消息十分震怒，自己率军队占据南谷口，派兵阻击杨仪等，杨仪等命何平在前抵御魏延。何平斥责魏延先到的行动说："丞相归天，尸骨未寒，你们这些人竟敢如此行动！"魏延的士兵知道魏延理短，便不听他的指挥，部队全都散去。魏延只是与他的儿子等几个人逃往汉中。

杨仪派马岱追杀魏延，马岱砍下魏延的脑袋交给杨仪，杨仪起身用脚踏踩魏延的头说："庸奴！还能干坏事吗？"于是诛杀魏延三族。魏延死后，蜀国真的就没什么大将了，其实魏延不是想造反，只是想杀死杨仪，但是大家都不赞同他，他的死是必然的事。

# 18

## 别喝掺有金屑的酒

早在唐代，中国人就已经认识到了黄金的保健和医疗作用，现在日本、东南亚一带食用金箔盛行，金箔大餐、金箔酒、金箔水、金箔糖果、金箔糕在市场上成了高档抢手货。

古代有吞金而亡的例子，喝了金箔酒难道就没有危险吗？先来看一个喝了黄金酒而死的例子：公孙渊的哥哥公孙晃作为人质住在洛阳，公孙渊还未反叛时，公孙晃几次报告公孙渊的变故，打算让魏出兵讨伐。公元 238 年，公孙渊图谋叛逆，明帝不忍心把公孙晃在街市斩首，打算下狱处决。廷尉高柔上书说："我私下听说公孙晃以前多次自动归附，报告公孙渊已萌生祸心，他虽然是凶犯宗族，但是推究其本心，是可以宽恕的。……我认为公孙晃确实在先前有过举报，应免他一死；如果他本来没有告发，应当在街市上斩首示众。如今是进不赦免其性命，退又不公开其罪状，只是紧闭狱门，命他自杀，天下各地，或许会怀疑我们的做法。"魏明帝不采纳，竟派遣使节带着掺有金屑的酒让公孙晃和他的妻子、儿女饮下，然后赏赐棺木、丧衣，埋葬在公孙晃的住宅里。

金屑酒是古代帝王赐死之酒。金屑酒之所以能毒死人，是因为重金属都有毒。

# 19

## 生下你们这群如猪如牛的兄弟

曹爽掌权时，因桓范是他同乡年长的故旧，所以在九卿之中对桓范特别加以礼遇，但关系不太亲近。

公元 249 年，司马懿起兵时，以太后的名义下令，准备拿下曹爽，想要让桓范担任中领军之职。桓范离城出去投奔曹爽。桓范到了之后，劝说曹爽兄弟把天子挟持到许昌，然后调集四方兵力辅助自己。曹爽仍犹豫不决，桓范就对他们说："这件事明摆着只能如此办理，真不知你读书是干什么用的！在今天的形势下，像你们这样门第的人想要求得平安的日子还可能吗？而且普通百姓有一人被劫做人质，人们尚且希望他能存活，何况你们与天子在一起，挟天子以令诸侯，谁敢不从。"他们都默然不语。

桓范又劝说曹爽武装军队，讨伐司马懿，然而曹家几个兄弟却默然不动，从初夜一直坐到五更。曹爽然后把刀扔在地上说："即使投降，我仍然不失为富贵人家！"桓范悲痛地哭泣道："曹子丹这样有才能的人，却

绣像本三国演义中的司马懿形象

生下你们这群如猪、如牛的兄弟！没想到今日受你们的连累要灭族了。"

曹爽兄弟回家以后，司马懿派洛阳的士兵包围了曹府并日夜看守；府宅的四角搭起了高楼，派人在楼上监视曹爽兄弟的举动。曹爽若是挟着弹弓到后园去，楼上的人就高声叫喊："故大将军向东南去了。"弄得曹爽愁闷不已，不知如何是好。后来司马懿还是把曹爽、曹羲、曹训、何晏、丁谧以及桓范等人都逮捕入狱，以大逆不道罪劾奏朝廷，都被诛灭三族。

# 20

## 蜀大将军费祎被刺杀

蜀汉的姜维进攻西平，俘获了中郎将郭循，蜀汉任命他为左将军。郭循心怀鬼胎，想要刺杀汉后主，却没接近的机会。他借上寿之机，一边跪拜，一边往前靠近，却被左右侍卫所遏止，刺杀的目的未能达到。公元253年正月初一，蜀大将军费祎与诸位将领在汉寿大聚会，郭循也在座。费祎酒喝多了，有点醉了，这时郭循突起刺杀了费祎，费祎当场死亡，郭循也被当场杀死。

费祎性情宽厚广施仁爱，从不怀疑别人。越太守张嶷曾写信告诫他说："从前岑彭（岑彭，字君然，东汉名将，后被刺身亡。）率领军队，来歙（来歙，字君叔，东汉名将，后被刺身亡。）手持杖节为帅时，都被刺客所害。如今将军您地位尊贵，权力重大，但您对待和信任新近归附的人太过分，应该以前代之事为鉴，加强警戒多注意一些。"但费祎不听，所以祸殃及身。

魏国听说了，很高兴，下诏追封郭循为长乐乡侯，让他的儿子因袭继承爵位。

# 21

## 用刀把上的铁环捶死了李丰

　　李丰十七八岁时，已经是隔墙吹喇叭——名声在外了。但是他的父亲太仆李恢认为出名太早，不是好事，就令他闭门谢客，不与人往来。

　　司马懿诛杀曹爽后，司马师主持朝政，任命李丰为中书令。当时，太常夏侯玄有威望、有名声，但因为与曹爽是亲戚，不能担任有权势的职位，常常闷闷不乐；张缉因为是皇后之父而免去郡守闲居在家，他也很不得意；李丰与夏侯玄和张缉关系十分亲密。司马师虽然提拔了李丰，但李丰心里更为看重夏侯玄。

　　李丰担任中书令的两年中，皇帝多次召见李丰一起交谈，阴谋商定以夏侯玄为大将军，诛杀司马师。司马师知道他们是在议论自己，所以请李丰来相见，向他询问，但李丰却不以实言相告；司马师勃然大怒，以刀钚筑杀之（就用刀把上的铁环捶死了李丰），把尸体送交廷尉，接着又逮捕了李丰之子李韬和夏侯玄、张缉等人，都送交廷尉收监。公元254年二月，审查出来结果，诛杀夏侯玄、张缉等人，并诛灭三族。李丰站错了队伍，也没认清形势，想以卵击石，结果走上了绝路。

# 22

## 孙皓杀人方式很奇特

孙皓刚当皇帝时，抚恤人民，开仓赈贫、减省宫女和放生禽兽，还算不错。但很快本性就露出来了，他便变得暴虐，好酒色，胡乱杀人，杀人的方式还很奇特呢。来看几个例子。

公元 273 年九月，吴主孙皓的宠妾派人到集市上抢夺百姓的财物，司市中郎将陈声一向受到孙皓的宠信，他依法处理了这件事。孙皓的宠妾向孙皓告状，吴主勃然大怒，借其他事情为由，烧红刀锯截断陈声的头颅，把他的身躯扔到四望山下。

公元 275 年，吴国中书令贺邵得了中风病不能说话，便离职几个月。孙皓怀疑他装病，把他拘捕起来，押送到储藏酒的仓里拷打，打了他上千次，他最后也没有说一句话，孙皓叫人烧红刀锯割断了他的头颅，把他的家属放逐到临海。

公元 276 年，湘东太守张咏不上缴赋税，孙皓就地杀了他，把他的首级在各郡示众。

会稽太守车浚公正清廉有政绩。当时，会稽郡大旱，老百姓没有粮食吃，车浚上表，请求借贷救济，吴主认为他是想以私人的恩惠收买民心，就派人杀了他，把头悬挂在柱子上示众。尚书熊睦稍微说了几句劝谏的话，吴主就用刀头上的环把他砸死，身上的皮肉没有一处是完好的。

# 23

## 欲加之罪，何患无辞

公元273年，韦昭担任左国史之职，孙皓想给自己的父亲作纪，韦昭说："文皇帝没有登天子之位，应当作传，不应当作纪。"孙皓心中不快，对韦昭产生了怨气，韦昭忧郁恐惧，上书说自己年事大了，请求免去他侍中及左国史二项官职，但是孙皓不允许。有时韦昭得了病孙皓就派医生、送医药监视护理，催促他快些上朝，恨不得累死韦昭。

孙皓喜欢召集群臣饮酒，不管能不能喝，一律限定必须喝七升。至于韦昭，唯独用茶代替酒，这就是"以茶代酒"的来历，后来，孙皓也不容忍韦昭了。

饮酒之后，孙皓喜欢取笑大臣，耍酒疯，大臣们这时若有过失，就被拘禁起来，甚至于杀头。韦昭认为，这样不好，这种做法不对。孙皓正恼恨韦昭呢，于是把韦昭投进了监狱。韦昭通过狱吏上书陈词，献上了他写的书，希望以此求得赦免。孙皓借口他的书既脏又破旧，愈加责怪他，于是杀死韦昭，把他的家族放逐到零陵。欲加之罪，何患无辞？皇帝看你不顺眼，怎么都是死路一条。

　　受英雄史观的影响，史家历来大多关注大人物，而忽视小人物，但如果历史缺了小人物，大人物的戏也唱不成。在三国的风云舞台上，有不少我们耳熟能详的大人物，他们要么英明神武，要么谋略过人，要么才华横溢，要么儒雅风流，三国时期的风云聚会，让他们乘势而上，从而名震当代。可是还有很多人，抱荆山璞玉而不为人知，他们是些位置低下的小吏或平民百姓，或虽有地位，但在文字表述中或三言两语，或一笔带过。总之，这些人虽然在历史留下了一笔，但并不是浓墨重彩。这些人物，人们或许根本不会去重视、去记忆，但它却使整本"三国"显得丰满多彩。

# 1

## 给自己写挽联的陆绩

陆绩自幼聪明过人，也很懂事，尊重长辈，孝敬父母。六岁那年，陆绩去九江拜见袁术，袁术赠的橘子，他舍不得全部吃完，揣了三个在怀里，临走时，因跪拜告辞而橘子掉了下来，袁术对他说："陆郎做客还要藏橘于怀？"陆绩跪着回答说："打算带回去给母亲吃。"袁术对他大为惊奇。从此以后，陆绩怀橘便传为佳话。元代郭居敬将其编入《二十四孝》。

陆绩博学多知，天文、历法、算数无不遍览。陆绩有脚疾，为官不是他的志向。就潜心研究经典。他预知到自己的死期，于是给自己做好了挽词："汉朝志士，吴郡陆绩，幼爱《诗》《书》，长习《礼》《易》，受命南征，染病遭厄，寿命不长，痛与世隔！"他英年早逝，三十二岁就去世了。

# 2

## "宋翼，你这个没用的腐儒！"

王允和吕布杀死国贼董卓后，吕布劝王允把董卓的部将全部杀死，王允说："这些人没有罪，不能处死。"后来董卓部将李傕、郭汜带兵攻到长安，捉住王允。王允放虎归山，最后自食恶果。

起初，王允任命同郡人宋翼为左冯翊，王宏为右扶风。李傕、郭汜等想要杀死王允，又恐怕他们起兵反抗，于是先要献帝下诏征召宋翼、王宏。王宏派人对宋翼说："郭汜、李傕因为我们两人在外，所以不敢杀

五代时期周文矩《文苑图》中的文人形象

害王允。如果今日应召，明日就会全族被害，你有什么办法吗？"宋翼头脑简单，没考虑那么长远，回答说："虽然祸福无法预料，然而皇帝的诏命是不能违抗的。"王宏想带兵讨伐李傕、郭汜，宋翼不同意，王宏孤立不能成事，于是双双接受征召。李傕一见他们来了，就没有了后顾之忧，马上逮捕王允、宋翼、王宏，一齐处死。王允的家小也都被杀死。王宏临死之前辱骂道："宋翼，你这个没用的腐儒！真不足以与你商议国家大事！"

秀才造反三年不成，乱世之中，文人只有做辅助的份儿，独立做大事，是难以成功的。即使谋略盖世的诸葛亮，不也是做了刘备的军师嘛！

# 3

## "无所知"也是个罪名

荆州刺史王睿与长沙太守孙坚共同讨伐零陵、桂阳二郡的叛贼。王睿因孙坚是个武官，看不起孙坚。王睿一向与武陵太守曹寅不和，扬言要先杀死曹寅。

曹寅害怕了，就伪造一份朝廷的公文给孙坚，宣布王睿的罪状，要孙坚拘捕王睿，行刑后，再把情况上报。孙坚得到这份公文，就率军袭击王睿。

王睿听说孙坚部队到来，登上城楼眺望，派人前去询问，孙坚的前锋部队回答说："士兵长期征战，很辛苦，想面见刺史请求发给军饷。"王睿在楼上见到孙坚，大惊，问他："士兵自来求赏，孙太守怎么也在其中？"孙坚说："接到使者的公文，要处死你。"王睿说："我犯了什么罪？"孙坚说："你犯了'无所知'的罪。"孙坚下令准备带兵攻打王睿，王睿知道自己实力不行，被逼无奈，只好刮下金屑，吞饮而死。

# 4

## 邴原救人有一套

汉朝末年，黄巾军起义，邴原认为黄巾军正在兴盛时期，于是到了辽东郡，与同郡人刘政很要好。辽东郡太守公孙度畏惧厌恶刘政，想杀死他，把他全家都拘捕了，刘政得以脱身。公孙度通告各县："敢有窝藏刘政的人，与刘政同罪。"刘政无奈之下，前去投奔邴原，邴原把他藏了一个多月，这时东莱郡太史慈正要返回，邴原于是把刘政托付给了太史慈，就前去为刘政说情。他对公孙度说："将军前些日子要杀刘政，把他当作自己的祸害，现在刘政已经离去，您的祸害难道不是已经除去了吗？"公孙度说："是这样。"邴原说："你之所以害怕刘政，是因为他有智谋。现在刘政已经脱身，他的智谋将得到使用，为什么还拘押刘政的家属呢？不如赦免了他们，别又结下一桩仇怨。"公孙度于是放出了刘政家属，邴原又出资把他们送到刘政家里，使他们都得以返回原郡。

后来邴原得以从辽东返回，曹操征召他为司空掾。

# 5

## 笮融依靠谁就杀谁

笮融一开始在徐州牧陶谦手下任职，陶谦任命笮融为下邳国（现江苏省睢宁县一带）国相（相当于郡太守），并负责运输广陵郡（现江苏省扬州市江都区一带）、下邳郡和彭城郡（现江苏省徐州市铜山区一带）这三郡的粮食到郯县（徐州州治）去，笮融得到此三郡粮食和封国进贡物品后，并没有送到郯县去，反而中饱私囊占为己用。笮融还大肆兴建佛教寺庙，命令百姓诵读佛经，这使得附近各郡的和尚、尼姑和佛教徒迁入下邳郡，前后高达五千多户。每逢释迦牟尼生日，举办"浴佛会"时，都在路边摆设宴席，连绵不断，长达数十里，耗费钱物数以亿计。

到曹操击败陶谦，徐州局势动荡时，笮融便率领男女信徒万余人退到广陵。广陵郡太守赵昱用宾客之礼接待笮融。在这以前，彭城国相薛礼受到陶谦军队的逼迫，率领部下迁徙到秣陵。而笮融贪图广陵富庶，就在一次宴席上，乘敬酒之机杀死了赵昱，纵容部下大肆抢掠。又乘势渡过长江到秣陵（现江苏省江宁县）去投靠薛礼，接着又杀死了薛礼，吞薛礼的部属，又投靠扬州

宋代佛画像

刺史刘繇。

刘繇派笮融去帮助朱皓进攻诸葛玄。许劭对刘繇说："笮融出动军队，不讲名节，不顾信义，朱皓喜欢以诚待人，要让朱皓严密提防笮融。"笮融到达后，果然用诡计杀死朱皓，接管了豫章郡事务。刘繇进军讨伐笮融，笮融战败，逃入深山，被当地百姓杀死。

# 6

## 侄子出卖叔叔

公元 204 年二月，袁尚攻打袁谭，只留下苏由、审配守卫邺城。曹操率大军直捣袁尚的老巢邺城。曹军开到邺城西南五十里的洹水驻扎下来，守将苏由暗中与曹操联络，想做曹军内应，不料机密泄露，审配领兵与苏由在城中展开激战。苏由战败投奔到曹操的军营中，曹操派兵开始攻城。曹军环邺城挖掘了一条长达四十里的壕沟，最初让挖得很浅，看上去好像可以越过。审配在城上看见，放声大笑，没有派兵出来破坏。曹操派人趁夜加紧干活，一夜之间，挖成深二丈、宽二丈的深壕，把漳河水引入壕沟，完全断绝了邺城内外的联系。城中人缺衣少食，饿死大半。

正在围攻袁谭的袁尚闻报后方老巢危机，忙带了一万多精兵回救邺城。审配传令守军从城中杀出，企图与袁尚配合两面夹击曹军。但是都被曹操击溃。袁尚部将马延阵前投降，全军溃败，袁尚狼狈逃奔中山。曹军缴获了袁尚的全部辎重粮草和军用物资，并得到了袁尚的印绶、节钺及财物。曹军把这些东西送到邺城前线，告诉袁尚家人及守城将士袁尚已被击溃。守城将士看到外援无望，军心大乱。八月，审配哥哥的儿子审荣趁夜打开自己守卫的城东门，引曹军入城。曹军攻入邺城，与审配指挥的守军在城中展开激战，最后生擒审配。

审配被自己的侄子出卖了，关键时刻，人们为了自己活命，根本不顾惜亲情了。审配被擒后坚决不投降，始终没有半句求饶的话，曹操知道审配是个刚强的人，只好下令杀了审配。

# 7

## 李孚有胆有识

公元 204 年七月，袁尚率军一万人回救邺城。在到达前，想让审配了解外面的形势，先派主簿、巨鹿人李孚入城。李孚进城不容易，但是他想了个妙计，砍下树枝作为责打人的刑杖，系在马旁，自己戴上武官用的头巾，率领三名骑兵，黄昏时到达邺城。

李孚自称为都督，从北边进入围城的曹军大营，顺着标志，向东巡察，一路上不断叱责守围的将士，根据违反军中法纪的轻重，分别给予处罚。经过曹操大营前，巡视到城南，对着邺城正南的章门，李孚又大声责骂守围将士，把他们捆绑起来。然后，李孚趁机冲开营门，急驰到城下，向城上呼喊，城上的守军放下绳子，把李孚等吊上城去。审配等看见李孚，悲喜交加，守城的人也看到了希望。有将士向曹操汇报，曹操笑着说："这个人进城后还会再出来。"于是严加盘查，李孚知道外边围困得更紧，不能再假冒曹军出城，就请审配把城中的老弱全都放出城去，以节省粮食。晚上，审配挑选出老弱数千人，让他们全都手持白旗，从三个城门一同出去向曹军投降。李孚又带领那三个骑兵也打扮成投降人的样子，夹杂在人群中，趁夜突围而去。李孚有胆量有谋略，只可惜站错了队伍，如果他是曹操的手下，说不定就能建立起一番大的功业。

# 8

# 古代的注水报告

注水肉是人为加了水以夸大重量增加牟利的生肉，现在也用注水来泛指有夸大成分的事物。其实不只在现代，古代也有靠"注水"来夸大功绩的。

公元212年，按照过去的惯例，在击败敌军的文告中，杀死一人要报成十人。这就是古代的"注水"数字。

国渊在报告斩杀人数时，都据实上报。曹操询问他原因，国渊说："征讨境外的敌寇，多报杀死及俘虏人数，是为了炫耀武力，耸人听闻。河间在咱们的疆界以内，田银等进行叛乱，虽然取得胜利，建立战功，我心中却感到羞耻。"曹操大为高兴，认为国渊是个实在人。

# 9

# 孝子司马芝

司马芝，字子华，河内郡温县人。当时天下大乱，司马芝带母亲到相对稳定的荆州躲避战乱时，在鲁阳山遇到贼寇，一起赶路的人都丢弃老人、弱者逃走，只有司马芝坐在那里守着老母亲。贼人来到后，把刀放在司马芝头上，司马芝磕头说："你们杀了我不要紧，但是我母亲年纪老了，就只有依靠各位养老了！"

贼人也不都是十恶不赦的人，很多都是普通百姓，为生活所迫，或者被官府逼迫，不得不做了山贼，他们一见，就说："这是个孝子，杀了他不义。"于是就放了他们，还给他们一辆鹿车，让他推着载送母亲。

司马芝孝子的名声就传开了，后来，曹操平定荆州后，让司马芝担任菅县县长。

# 10

## 小人物有大义

公元 212 年，马超兼并了陇山以西的所有部队，张鲁又派大将杨昂率军援助马超，共有一万余人，进攻冀城，从正月一直攻到八月，朝廷救兵也没有到。凉州刺史韦康派别驾阎温出城，向夏侯渊求救。马超军在冀城外包围了好几层，阎温趁夜从水里秘密游出城去。第二天，马超部下士兵看到足迹，派人追踪，把阎温捉住。

马超解开他的捆绑，对他说："现在胜败已经分明，您为了孤城请救兵却被人捉到这儿，怎么施展大义呢？如果听我的话，告诉城里，东方不会有救兵来了，这是转祸为福的计策，不然，现在就把你杀掉。"阎温假装答应了，马超便用车载着他来到城下。

阎温朝着城内大声喊："救援的大军不

年画中的马超形象

出三天就会来，你们要加油啊！"城中都为他哭泣，都盼望他平安。马超恼怒地责问他："你不要命了吗？"阎温不回答。

当时马超久攻不下，所以慢慢引诱阎温，盼他回心转意。又对他说："城里的朋友，有想跟我同心合力的吗？"阎温又不理睬，马超便严厉地责怪他。阎温说："事君之道只有一死，您却要让长者说出不义的话，我难道是苟且偷生的人吗？"马超终于杀害了他。

# 11

## 几个督邮的故事

督邮，自汉代开始设置，是郡一级的重要官吏，平时由郡太守排出巡视郡内属县的各个地方官是否称职，掌管郡内驿站，还可以案验刑狱，检核非法，无所不管。《三国演义》里有一回书是"张翼德怒鞭督邮"，这位督邮大人，想要陷害刘备，被张飞狠狠抽了一顿。根据史料的记载，张飞并没有鞭打督邮，打过督邮的人是刘备。

这里讲讲三国时期，几位督邮的故事。

高堂隆，少年时为诸生，泰山太守薛悌任命他为督邮。郡里的督军和薛悌争强，直呼薛悌名而训斥他。高堂隆按剑怒斥督军说："从前鲁定公受到侮辱，孔子登上高阶；赵王弹奏秦筝，蔺相如奉瓦缶让秦王演奏。当着臣下面而直称君名，按礼仪该责罚你。"督军大惊失色，薛悌也赶紧制止。可见，这位督邮的脾气还真不小。后来魏明帝继位，任命高堂隆为给事中、博士、驸马都尉。

看完一个督邮的故事，再来看两个督邮的故事。满宠十八岁时任郡中督邮。有乡民李朔等人，各自拥有自己的武装，侵害百姓。太守派遣满宠明察此事。

李朔等人前来请罪，不再侵扰百姓。

其后满宠任高平令。有一张苞，是郡中督邮，但是贪赃枉法，扰乱政事。满宠得知他在专为官吏住宿的客舍时，率部下突然将他逮捕，历数他的犯罪事实，当日便在监狱中把他打死，尔后自己也辞职回家。前督邮杀死了后督邮。后来，曹操在兖州征召满宠为从事。曹操任大将军时，又召任满宠为西曹属，任许县令。

# 12

# 胡质破案有一套

曹操召任胡质为顿丘县令。县里有个叫郭政的人与堂妹通奸，杀死了妹夫。郡吏冯谅被关在监狱做证人。郭政和堂妹忍受拷打赖罪，冯谅不能忍受拷打，只好诬陷自己。这样便是无罪人成有罪人，而将被判处死刑。胡质重新审查，细致观察情色，追究根底，终于水落石出，人们无不称服。

后来曹操召任胡质为丞相属。转任吏部郎官、常山太守。一次，有个叫卢显的被人杀害，胡质分析说："这个人似乎没有仇人，只有一个年轻的妻子，难道是因为这而死吗？"于是逐一召见与卢显相邻近居住的年少之人。问到书吏李若，发现他气色不对，于是胡质追究到底，李若只得自首，受到惩罚。胡质破这种通奸的案子还真是有一套。

# 13

## 从军以来，未学逃跑

公元 222 年，汉王刘备从秭归出兵，进攻吴国。陆逊诱敌深入，命令战士每人拿一束茅草，用火攻击，蜀军土崩瓦解，战死一万余人。刘备连夜逃走，驿站员亲自挑着兵器铠甲在险要路口焚烧，以阻挡吴军的追击，刘备才得以逃入白帝城。

蜀军的船只、器械，水军、陆军的军用物资，一下子全部丢失；尸体塞满长江江面，顺流而下。刘备既惭愧又失望地说："我被陆逊羞辱，这是天意啊！"刘备虽然大败，但是这场战争里面也有光彩之处，刘备的手下也不是吃干饭的。

将军义阳人傅肜掩护大军退却，部下全部战死，他却越战越勇，吴军劝他投降，他大骂说："吴国的狗东西，哪有汉将军会投降的！"终于血战而死。从事祭酒程畿逆长江乘船退却部下说："后面追兵紧迫，应把两船连接的方舟拆开，轻舟撤退。"程畿说："我从军以来，还未学过如何逃跑。"也战死了。这些视死如归的英雄人物，应该被人们铭记。

# 14

## 水至清则无鱼，人至察则无徒

公元 224 年，张温推荐同郡人暨艳做吴的选部尚书。暨艳喜欢议论朝政，弹劾朝廷百官，很多官员几乎都被降职，甚至被降数级，能够保住原来官位的，十个人中也没有一个；那些为官贪婪鄙下，没有志向和节操的人，都被他发落成为军吏。总体来说，他也是在荡除污浊的官场，是个清正的官员。

同郡人陆逊、陆瑁认为暨艳过于严厉了，希望他稍微宽松一点，说："圣贤的人赞扬善行，而体谅别人的愚昧；忘记别人的过错，而记住人家的功劳，以形成美好的风化。……应该远学孔子的泛爱亲仁，近效郭泰的宽厚容人，这才有益于正道常理。"

朱据也对暨艳说："天下尚未平定，如果只举荐那些完全清白的人，而容不得一丝缺点，恰恰破坏了劝导作用；如果一下子都被免职，恐怕会带来祸患。"

清代郑板桥书法《难得糊涂》

暨艳不听。于是怨恨之声到处都可以听到，人们都争着告发暨艳和选曹郎徐彪专凭私人感情任用官吏，爱憎不以公理做标准。孙权也不愿意得罪大多数人，因为自古以来，官场基本都是浑浊不清的，根本做不到清如水，明如镜。为了让统治地位得以继续，得以稳固，孙权只好把暨艳和徐彪都治罪，暨艳和徐彪不愿意忍受屈辱，就自杀了。

# 15

## 胡综看人很准确

胡综年少时父亲就去世，母亲带着他避难到江东。曾经与孙权一起读书。

公元230年，青州人隐蕃归附吴国，他上书，把自己夸了一番说：为臣二十二岁，抛弃我的家，来投奔您，仰仗神灵，平安到达。来了很久，而主事者视我为投降之人，使为臣的才学，未能献给您。我郁闷这种处境何时才有尽头？就主动上书，希望您能接见我。

孙权一见这个人这么有诚心，就召隐蕃入官。隐蕃答对问话以及陈述对时务的看法，都很有见地。胡综当时侍坐，孙权问他隐蕃怎样。胡综回答说："隐蕃上书，夸张言辞颇像东方朔，巧言诡辩颇类祢衡，而实际才能都不及他们。"孙权又问他可任隐蕃什么官职，胡综回答说："此人不能让他去治理百姓，暂且让他试试当名小京官。"

孙权考虑到隐蕃大谈刑法诉讼，就任隐蕃为廷尉监。左将军朱据、廷尉郝普都称赞隐蕃有辅弼君王的才干，郝普尤其与他亲近友善，常为他的屈才而抱怨叹息。后来隐蕃阴谋叛变，事情败露后被诛杀，郝普因受到谴责被迫自杀。朱据被停职软禁，好长时间才获释。从这件事得出结论就是：胡综看人很准确。

# 16

# 劣币驱逐良币

在 16 世纪的英国，贵金属不敷造币使用，必须在新铸造的货币之中加入其他金属成分，故当时市场上就有两种货币，一种是原先不含杂质的货币；另一种是被加入其他金属的货币。虽然两种货币在法律上的价值相等，但人们却能加以辨认，并且储存不含杂质的货币，将含杂质的货币拿去交易流通。故市面上的良币就渐渐被储存而减少流通，市场上就只剩下劣币在交易（此处的良币指的是不含杂质的货币）。这一现象最早被英国的财政大臣格雷欣（1533—1603 年）所发现，故称之为"格雷欣法则"。

"劣币驱逐良币"的现象不仅在铸币流通时代存在，在纸币流通中也有。大家都会把肮脏、破损的纸币或者不方便存放的镍币尽快花出去，而留下整齐、干净的货币。这种现象在现实生活中比比皆是，在中国古代也有这种事。

曹丕废止了五铢钱（五铢钱是我国钱币史上使用时间最长的货币，也是用重量作为货币单位的钱币。西汉、东汉上下四百年内，五铢钱一统天下。五铢钱奠定了中国圆形方孔的传统。"铢"是古代一种重量讲师单位，一两的 1/24 为一铢，因此所谓"五铢"实际上很轻很轻），以粮食和丝绢代替钱币。社会上弄巧作假的理解越来越多，争相把粮食搞湿以获利，用很薄的丝绢买卖东西，虽然严刑处罚，仍不能禁止。看来，任何时候都有投机取巧的百姓，这也证

汉代五铢钱

明了"劣币驱逐良币"这个定理。

公元 227 年，司马芝等人在朝廷上展开讨论，认为："以钱作货币不仅仅为了增加国家的收入，还可以减省刑罚，现在不如恢复铸造五铢钱更为有利。"四月初十，恢复使用五铢钱。


# 17

## 孙权的忠臣义士

公元 233 年，辽东的土皇帝公孙渊派使者来吴，上表称臣。孙权感觉很有面子，要派太常张弥、执金吾许晏等人带一万兵马渡海远赴辽东，带着金银财宝封公孙渊为燕王并加九锡。以丞相顾雍为首的大臣们纷纷劝孙权，说公孙渊不可轻信，派使者就可以了，派兵送钱，没有必要。资格最老的张昭也劝阻。果然不出大家所料，公孙渊见到孙权的使者兵马反而慌了，不但不敢接受，还把使者两人砍了头后送给了魏国曹睿请功，东吴的兵马财宝通通收归己有。十二月，魏国以此加封公孙渊为大司马乐浪郡公，孙权落了个人财两空。

当时，公孙渊为了收拾东吴的使者，先把他们的兵马分散，其中秦旦、张群、杜德、黄强等人带着六十人的兵马被安排在了辽东以北二百里的地方。四十多天后在秦旦的提议下约定起兵造反，但是计谋泄露，当地太守立即关闭城门大搜捕，这些人无奈从城墙上跳下逃跑。张群正患病，跳墙时又摔伤了膝盖，大家互相搀扶前进了六七百里。张群支持不住了，要大家离开后逃生。秦旦坚决反对，认为大家应该死生与共。

于是，秦旦留下照顾张群，杜德、黄强离开后去寻找救援。两个人就此在深山老林里采摘野果度日。杜德、黄强几天后到了高丽，见到了高丽国王后把孙权给公孙渊的一套头衔原封不动送给了高丽国王，还说给您准备的礼物都被公孙渊抢走了。高丽国王很高兴，派人和这两个人从深山老林中把秦旦、张群找回来，还准备船只，带上貂皮等贡品把这几个人送回了东吴。这些人回到了故土，孙权见到他们后也大为惊讶，非常欣赏这四个人的胆识，立刻将他们都拜为校尉。

# 18

## 工匠王遂将钱诈骗冒领

公元 238 年，中书郎吕壹受宠，作威作福，诽谤大臣，大家都私下议论，不敢反对。

一次，左将军朱据的部曲应领受三万钱，工匠王遂将钱诈骗冒领。吕壹怀疑朱据实际将钱私取，拷问朱据部下主事的军吏，将他打死在棍棒之下。朱据因为他无辜屈死，丰厚地为他入殓安葬。吕壹又上表说朱据军吏为朱据隐瞒，所以朱据为他厚葬。

孙权屡次责问朱据，朱据无法表明自己清白，只好搬出家门，坐卧在草席上听候定罪。几天后，典军吏刘助发觉此事，说钱被王遂取走。孙权深

吴国钱币大泉五百

有感触，省悟地说："朱据尚被冤枉，何况小小吏民呢！"于是深究吕壹罪责，并赏赐刘助百万钱。假如没有人发现呢，估计朱据就会被冤枉死了。

# 19

## 十八岁勇猛无敌

　　公元 255 年，毌丘俭起兵反叛，让文钦领兵去袭击乐嘉城。司马师秘密进兵到了乐嘉城与邓艾会合，文钦突然看到大军，大吃一惊不知如何是好。文钦之子文鸯，十八岁，勇猛强健，体力超人，对文钦说："我们趁其尚未安定，猛然出击可以攻破他们。"于是兵分两路，当夜就开始夹攻进击，文鸯率领强壮的士兵首先赶到，大声喊叫进攻，城内军队惊扰不安。司马师也十分惊恐。但文钦误了约定的时间未来接应，等到天明，文鸯见到对方兵力强盛，就撤兵而回。司马师对诸将说："叛贼跑了，现在可以去追击他们！"诸将说："文钦父子骁勇异常，没有受到挫折，不能去追击！"司马师说："打仗时第一次击鼓进攻士气大振，再次击鼓士气就衰弱了。文鸯鼓噪一夜又失去策应，其士气已然受挫，不逃走还等什么？"于是派兵追赶。文钦将要领兵向东而退，文鸯说："如果不先挫其威势，我们是走不了的。"于是就同十几个骁勇骑兵杀入司马师的军队中，所向披靡，无人能抵挡，最后领兵而去，司马师派左长史司马班率领骁勇骑兵八千人从两翼追击，文鸯单枪匹马闯入数千骑兵之中，一次就杀伤百余人，然后突出重围而走，像这样来回六七次，追赶的骑兵也不敢向前紧逼。

# 20

## 魏舒做人很低调

　　任城人魏舒小时候反应迟钝，乡里亲戚都小瞧他，他的堂叔吏部郎魏衡，在当时很有名望，也不了解魏舒，就让他去看守水碓，而且常常叹气说："魏舒如果能担当数百户的官长，我也就心满意足了。"魏舒对这些看法，毫不介意，也不干那些能显示抬高自己的事。

　　魏舒四十余岁时，郡里举拔上计掾、掌簿记孝廉。亲戚朋友认为魏舒没有什么学业，劝他不要去应考，还可以显示清高。魏舒说：如果考试不中，是我本事不够。于是刻苦自学，每百日学一部经书，因而对策得到提升，累次提升到担任后将军钟毓的长史。

　　钟毓每次与参军、佐吏一起举行射箭比赛，魏舒只是常常为他们计算成绩而已；后来遇到比赛人数不足，就让魏舒来凑数，魏舒很悠闲地去比赛，却百

清代王致诚《乾隆射箭图》北京故宫博物院藏

发百中，所有的人都十分愕然，没有人能敌得过他。钟毓感叹地道歉说："我不能够充分发挥你的才能，就像这次射箭一样，其实何止这一件事呢！"钟毓这时才知道自己的小庙藏了个大神啊。

公元263年，司马昭提升魏舒为相国参军。魏舒处理相国府中琐碎的事务很轻松；处理类似该废、该兴的大事，能从容地为之筹划，而且大多比众人的议论高明，这个人的本事真是大了去了。因此，司马昭非常器重魏舒。

# 21

## 诸葛亮的孙子是谁

《三国演义》里面把诸葛亮神化了，诸葛亮的名字无人不知，但是关于他的后代的事情，大家知道的就少了。

公元269年，济阴太守、巴西人文立上书说："过去流离转徙到中原地区的蜀地名臣的子孙，应当依据他们的才能分级进用，以慰藉巴、蜀之地的民心，以使吴人对我倾心。"晋武帝听从了他的话。晋武帝下诏说："诸葛亮在蜀地竭尽心力，他的儿子诸葛瞻，面临危难守节而死，他的孙子诸葛京，应根据其才能安排官职。"由此可以得知，诸葛亮的孙子是诸葛京。虽然蜀国被灭了，起码诸葛亮的血脉没有断。

# 22

# 宠臣岑昏死得很快

晋武帝命王浚带兵攻打东吴，吴主孙皓派遣游击将军张象率领舟师一万人抵抗。张象的部下望见王浚的旌旗就投降了。这时候，江中满满的全都是身披铠甲的王浚的士兵，威猛的气势让吴人异常恐惧。

孙皓的宠臣岑昏，由于阴险狡诈、谄媚逢迎而爬上了九卿的地位。他喜好大兴工程劳役，使得官员和百姓都不胜其烦。等晋兵就要到达的时候，宫中亲近的几百名随从官吏向孙皓叩头请求说："北方的敌军一天一天地逼近了，而我们的士兵却不拿起武器抵抗，您知道是为什么吗？"孙皓问原因？众人回答说："正是岑昏的缘故。"孙皓随口只说了一句："要是这样，就拿这个奴才去向老百姓谢罪吧！"众人立刻答应，马上从地上爬起来就去抓岑昏，等到孙皓后悔，不断地派人去追赶制止，岑昏已经被杀了。可见岑昏多么地被人仇恨。

　　《孟子·滕文公下》中说："富贵不能淫，贫贱不能移，威武不能屈，此之谓大丈夫。"大丈夫就是指有志气、有节操、有作为的男子。宋朝诗文大家王安石说："人怜直节生来瘦，自许高材老更刚。"一个人要像竿竹一样，生来有节，老来刚毅，才会一身正气。

　　孔子说："君子坦荡荡，小人长戚戚。"君子言行都守君子之道，重视品格和理想，不违德背礼。所以待人接物处世犹如在平坦大道上行走，安然而舒泰。

　　每个人，无论他穷贫还是富有，是权贵还是平民，都能学做君子，则社会必然风清气正。做人就要有君子之风，不为五斗米折腰，不为升官而寡廉鲜耻做奴才，不为蝇头小利而谄媚耸肩做小人，做个堂堂正正的大丈夫！这话与所有人共勉！

# 1

## 明着屈死也不屈辱死

公元 184 年，豫州刺史太原人王允打败黄巾军，从收缴物品中查出宦官首领张让门下的宾客与黄巾军往来联系的书信，便将这些信件上报朝廷。汉灵帝知道后大发雷霆，斥责张让。张让叩头请罪，灵帝因为信任张让，就不再追究。

但是张让对王允恨之入骨，寻机诬告王允，将王允逮捕入狱。恰巧赶上大赦，王允得以恢复原职。可是在十天之内又以别的罪名被捕，总之，就是想整死王允。

杨赐不愿让王允再遭受拷打的痛苦和羞辱，派人对王允说："因为你揭发了张让，所以会一月之内再次被捕。张让凶恶无比，阴险难测，希望你好好考虑一下，是否还要再受屈辱。"意思是想让王允不受屈辱，自杀而死。王允属下那些年轻气盛的从事们，一同将毒药进奉给王允，也是让王允以死抗争，王允厉声说道："我身为一个臣子，得罪了君王，理应由司法机构正式处死，以公告天下，怎么能服毒自杀呢！"于是摔掉药杯，奋然起身，出门登上囚车。他被押解到廷尉以后，大将军何进与杨赐、袁隗一起上书营救，王允才得以免死，被判处减死一等之罪。王允幸亏没有自尽，否则就没有后来联合吕布诛杀董卓的故事了。

# 2

# 义士田畴不惧生死

公元 190 年，董卓将汉献帝迁至长安。幽州牧刘虞身为皇家宗室的遗老，想请一使臣前去朝廷尽他作为忠臣的礼节。众人推荐田畴，田畴这时才二十二岁。

刘虞随即礼貌周全地请来田畴相见，对他十分满意，于是让他担任从事，为他置办车马。田畴说："现在道路阻塞，到处是贼寇，我如果自称官员奉命出使，将会被众人指名道姓，多有不便。我愿以个人身份前往，期望能够顺利到达。"刘虞听从了他的意见。

田畴回到家里，自己挑选了家人和慕名而来愿做随从的勇壮少年共二十多人，骑马一同前往，刘虞为田畴送行。田畴临行警告刘虞说公孙瓒乃大患，应除去，但是刘虞不理会。

他们顺着小路走去，终于到了长安，完成了使命。朝廷下诏任命田畴为骑都尉。田畴坚持辞让不受。田畴返回，还

唐代的三彩武士俑

273

没到达，刘虞已被公孙瓒害死。田畴回来后，到刘虞坟墓前拜谒祭扫，哭泣着离去了。

公孙瓒知道了大怒，悬赏通缉，捕获了田畴，对他说："你为什么独自到刘虞的墓前去哭，却不来给我送报告章表？"田畴回答说："汉朝王室衰败，人人怀有异心，只有刘公没有失掉忠信的节操。表章中所说的，对将军没有什么好话，恐怕不是您所乐意知道的，所以没有送上。况且将军正在兴办大事以满足自己的欲求，既已杀死了没有罪的主君，又与坚守忠义的臣子为仇，果真做了这件事，那么燕、赵地区的士人将都只会投东海而死，哪还有人忍心跟从将军您呢？"公孙瓒因为田畴理直气壮的回答，释放了他，把田畴拘留在军营中，禁止他的朋友与他往来。有人劝说公孙瓒说："田畴是个义士，您不能礼貌待他，反而把他关了起来，恐怕会失去众人的心。"公孙瓒于是释放并送走了田畴。

# 3

# 忠义之人王修

公元 190 年，北海国相孔融召王修为主簿，任高密县令。高密人孙氏是当地一霸，在当地没人敢惹，手下的门客屡次触犯法律。一次，犯有抢劫案的贼人逃入孙氏门下，吏役没法捕捉。王修率领吏役百姓包围了孙氏家宅，孙氏武装坚守，吏役百姓畏惧忌惮不敢靠近。王修命令他们："谁敢不向前进攻，与孙氏一同治罪。"孙氏一见官府玩真的了，就害怕了，终于交出贼人。从此，豪强们都被震慑畏服。

不久，郡中有人叛乱。王修听说孔融有危难，连夜赶往孔融那里。反贼开始发难时，孔融对左右人说："能冒着危难来的，只有王修而已！"话刚说完，王修就到了。

后来王修又任功曹。当时胶东多有贼寇，孔融又命王修为胶东县令。胶东人公孙卢宗族势力很大，自己设置营寨壕堑，不肯听从官府的发派调遣。王修独自带领几个人骑马径直闯进公孙卢家中，斩杀了公孙卢兄弟几人，公孙氏族人震动惊愕，没有人敢有举动。王修安抚了其余的人，自此贼寇逐渐止息。孔融每次有了危难，王修即使是在家里休息归养，没有不马上到的。孔融往往倚仗王修才得以免于祸患。

后来曹操察看王修家，一见粮谷不满十斛，仅有书籍几百卷。曹操感叹着说："王修作为士人真是名副其实。"礼聘王修为司空掾，后来升任魏郡太守。

# 4

## 乱世之中也要坚守道义

赵俨自小熟读经史，是个大才子，在年轻时，名声就传得很远。他与阳翟辛毗、许下陈群、定陵杜袭并称颍川四大名士。赵俨看到当时各路军阀混战不休，一时找不到自己可以投靠的对象，为避战乱，举家迁到荆州。在此结识了客居在那里的杜袭和同乡繁钦，三人一见如故，成为莫逆之交。

当时割据荆州的刘表，知道赵俨、杜袭、繁钦之名，刻意对他们进行笼络，并以贵宾之礼对待他们三人，多次请他们当官。赵俨通过观察，认为刘表目光短浅，虽然显赫一时，但终难成就大事，坚决不同意做官。繁钦屡次向刘表贡献奇计，受到刘表的欣赏。杜袭劝告繁钦说："我所以与你一起来到荆州，只是为了保全性命，以等待时机罢了。你难道认为刘表是拨乱反正的英主吗？你打算一直跟随他吗？你如果再这样的卖弄本事，显示才能，就不再是我的学生，咱们从此绝交！"繁钦感慨地说："我接受你的劝告！"等到曹操奉迎天子，定都许县，赵俨对繁钦说："曹操一定能安定全国，我知道应该归附谁了。"

公元197年，二十七岁的赵俨扶老携幼去投奔曹操，曹操任命他为朗陵县长。阳安郡都尉、江夏人李通妻子的伯父犯法，赵俨将他逮捕问罪，判处死刑。当时，百姓的生杀大权都控制在州、郡长官手中。李通的妻子号哭着哀求李通救她伯父一命，李通说："我正与曹公同心协力，在道义上，不能以私废公！"李通赞扬赵俨执法无私，与赵俨结为好友。

东汉末年，天下大乱，身处乱世，这些人还能坚守节操，值得敬佩。

# 5

## 投降也要有尊严

荆州大将南阳人文聘统兵驻扎在外。公元208年，刘表死后，其子刘琮继位。当时曹操起兵南征荆州，刘琮与众官商议，决定举荆州之地投降曹操，又喊着文聘一起归降。文聘说："我不能保全荆州，只应等待定罪而已！"等到曹操渡过汉水，文聘才来拜见曹操。曹操说："你为什么来得这么晚呢？"文聘说："从前我不能辅佐刘荆州（指的是刘表）尊奉朝廷；刘荆州死后，我经常想据守汉水，保全荆州的疆域。活着不辜负于孤弱的刘琮，死去无愧于地下的故主刘表。但是，我身不由己，为大势所趋，到了今天的地步，心中实在悲哀羞愧，没有脸早来相见！"文聘流泪不止，使得曹操也感到伤感，喊着文聘的表字说："文仲业，你真是一个忠臣啊！"对他厚礼相待，让他统率原来部队，任命他为江夏郡太守。

# 6

## 国法比人情更重要

曹操刚刚兴兵时，夏侯惇做他的副将，跟随曹操南征北战。公元194年，张邈背叛曹操迎接吕布，当时曹操的家小在鄄城，夏侯惇听到这一消息，轻车简从前往鄄城，在途中与吕布遭遇，两军交战。吕布后撤至濮阳，偷袭得到了夏侯惇的辎重，又派将领假装投降，在夏侯惇的军营里把他抓了起来，要夏侯惇交出宝物。夏侯惇军中一时震惊，不知道该如何是好。

夏侯惇的得力将领韩浩守在营门口，把各将领都召集在一起，让他们去安定手下的士兵，不得贸然行动，夏侯惇的军队才慢慢稳定下来。韩浩到了夏侯惇的住所，怒斥挟持夏侯惇的人说："你们这些凶残的叛逆者，居然敢将大将军挟持作为人质，难道你们不想活了？而且我身负讨伐叛贼的使命，难道我会因为一个大将军，而放任你们为所欲为吗？"又哭着对夏侯惇说："国法如此，我不得不这样做！"立即召集士兵攻打劫持者。

汉代画像砖中的出行场面

劫持者害怕得连连叩头，说："我们只求给我们路费，让我们回去吧！"韩浩假装答应，等他们放了夏侯惇，就一边痛斥劫持者的行为，一边将他们全部杀了。夏侯惇免于一死，得力于韩浩的随机应变。

曹操听说了这件事，对韩浩说："你的做法可以作为万世之法。"于是发布命令，今后如有劫持人质的，连人质一同消灭，不要顾忌人质，以后劫持人质的事再也没有发生。

韩浩由于处理事情得当，而且能冷静分析事件，曹操对其重用有加。

# 7

# 做君子不做小人

当初，刘备在豫州，曾推举陈郡人袁涣为茂才。袁涣被吕布扣留，吕布想要袁涣写一封信辱骂刘备，袁涣不答应，吕布再三强迫，仍被袁涣拒绝。吕布大怒，用剑威胁袁涣说："你写了这封信，就可以活；不写，就得死！"袁涣面不改色，笑着回答说："我听说只有道德可以使人感到羞耻，没听说用诟骂可以达到这个目的。假如刘备是个君子，他不会以将军的诟骂为耻；假如他真是小人，就将回骂将军，则受到羞辱的是将军，而不是他。而且，我当初跟随刘备，犹如今天跟随将军，如果我一旦离开这里，回过头来骂您，可以吗？"吕布感到惭愧，于是作罢。

后袁涣被任为谏议大夫、丞相军祭酒。先后得到的赏赐很多，都被他分送了，家里没有什么积蓄，他也始终不过问家中产业，匮乏了就从别人那里去取，不做假清白、真贪污的伪君子，当时的人都佩服他的清廉。

# 8

# 关靖为自己的错误埋单

　　袁绍连年进攻公孙瓒，不能攻克，就写信给公孙瓒，想与他和好，互相联合。公孙瓒不予理睬，反而增强防备，他对长史、太原人关靖说："如今四方龙争虎斗，显然没有人能连年长期对我进攻，袁绍能把我怎么样！"袁绍一见公孙瓒不给面子，就大举增兵，向公孙瓒进攻。

　　公孙瓒派儿子公孙续向黑山军的将领们求援，并准备自己率领精锐骑兵出城，奔往西山，带领黑山军反攻冀州，切断袁绍的退路。关靖劝阻公孙瓒说："如今将军部下将士无不怀着离散之心，所以还能坚守，只是因为顾念全家老少都在这里，而且依赖将军在此主持大局。继续坚守，拖延时日，或许能使袁绍知难自退。如果将军舍弃他们，率兵出城，后方无人做主，易京的陷落，便指日可待。"公孙瓒于是放弃出城打算。

　　袁绍大军逐渐进逼，公孙瓒部众日益窘迫。公元199年，袁绍围城部队挖掘地道，用这种方法逐渐攻到公孙瓒所驻的中京。公孙瓒自料必定不能幸免，就绞死自己的姊妹、妻子、儿女，然后放火自焚。袁绍催促士兵登上高台，斩公孙瓒。关靖叹息说："以前，如果不是我阻止将军自己出城，未必没有希望。我听说君子使别人陷入危难时，自己一定与他分担患难，怎么能自己独自逃生呢！"就骑马冲入袁绍军中而死。

# 9

## 各为其主的陈琳

官渡之战前，袁绍命令陈琳撰写讨伐曹操的檄文，历数曹操的罪恶，并攻击曹家的祖先，极尽丑化诋毁之能事。极富煽动力，曹操读后十分愤怒，发誓要杀掉陈琳。

公元200年，官渡之战，袁绍大败，陈琳为曹军俘获。陈琳投降曹操，曹操对他说："你从前为袁绍写檄文，只该攻击我本人，为什么要向上攻击到我的父亲、祖父？"陈琳说，骂人没好口，打人没好手，两军打仗，要写就写厉害点。但是陈琳也赶紧谢罪，曹操也知道各为其主，爱其才而不追究陈琳曾经写的讨伐曹操的檄文，派他担任主管撰写奏章的记室。

# 10

## 祝公道做人很公道

公元202年，袁绍死后，袁尚派遣他所委任的河东郡太守郭援，与高干、匈奴南单于一起进攻河东郡。

郭援率军进攻，一路所经过的县城都被攻下或者归降。河东郡官员贾逵守卫绛县，郭援猛攻不止，城将陷落时，城中父老与郭援约定：不杀害贾逵，他

宋代张择端《清明上河图》里面的城墙样貌

们就投降。郭援答应了。郭援想让贾逵做他的将领，用武力相胁迫，贾逵毫不动摇。左右的人拉贾逵的衣服，让他叩头，贾逵厉声叱责说："哪有国家官员向贼人叩头的道理！"郭援大怒，就要杀死贾逵。绛县的官民们听说要杀死贾逵，都登上城墙，高声喊道："你违背约定要杀我们的贤良官长，我们宁愿和他一起死！"郭援也不敢犯众怒。

　　后来，郭援将贾逵囚于壶关，放在一个土窖中，用车轮盖住窖口，并派人看守，准备适当时候再杀之。贾逵从窖中对看守者说："这里难道没有一个有骨气的敢来动手，难道要让义士死在这土窖里面吗？"当时有一个姓祝的看守，与贾逵非亲非故，而听到这些话后，敬佩其处于危厄之中仍能坚守节操，于是晚上偷偷地把贾逵放出来，帮他去掉了枷锁送他逃走。贾逵感恩，问其名，对方坚持不肯相告。直到郭援被打败后，贾逵才知道救他的人叫祝公道。后来此人因要被斩首，贾逵用尽一切手段也无法相救，只好亲自为他服丧。其后郡里举贾逵为茂才，被任命为渑池县令。

# 11

## 人死事小，失节事大

韩珩少丧父母，奉养兄姊，以孝悌闻名。后来做了袁绍的部将，官至幽州别驾。公元 205 年，袁熙受到他自己部将焦触、张南的攻击，与袁尚一起投奔辽西郡的乌桓部落。焦触自称幽州刺史，胁迫所属各郡、县的长官，都背叛袁氏，归顺曹操。

焦触等集结数万人的部队，杀死白马，歃血为盟，下令说："有敢于违抗者，一律斩首。"众人在威逼之下，都不敢抬头，各自按顺序歃血盟誓。韩珩说："我曾受到袁氏父子的厚恩，如今袁氏失败亡，我的智谋不能拯救他们，又没有勇气去死，本来做人已经有所缺欠。如果再去归顺曹操，就更为失节，我不能做这样的事。"在场的人都被吓得变了颜色，生怕焦触会立刻杀死韩珩。焦触一见，也不强迫，他也不愿意担个杀害义士的恶名，就说："发动大事，应立大义，事情的成败，不在乎一个人，我们可以成全韩珩的志愿，以勉励忠心事主的人。"于是，听任韩珩离去。焦触等就全部归降曹操，都被封为列侯。后曹操听说了韩珩的忠诚，多次征召他出来做官，韩珩都不听从，后来死于家中。

# 12

## 不收礼的华歆

公元 200 年，曹操正在官渡，上表给天子，征召华歆。孙权意图将华歆留在江南。华歆道："将军当奉天子之命，同时可与曹操结好。现在空留下我，将军您养了个没用之人，这不是好主意。"孙权高兴了，这才送走了华歆，宾客旧友为华歆送行的有一千多人，赠送金子数百。

华歆当时没有驳大家面子，全部收下，但是秘密地题写好标记，到了临走时，把各种礼物都聚在一起，对众宾客说："我本来没有拒绝各位的心意，但所接受的终究太多。念我单车远行，将因怀藏美玉而被贼人惦记，希望各位宾客替我考虑。"众人于是各自收回了自己的赠品，对华歆的德行表示佩服。

魏文帝时，华歆官拜相国，但为官清贫，俸禄也多帮助亲戚朋友，家里积蓄也不多。《三国志》作者陈寿评价他"清纯德素"，是恰如其分的。

# 13

## 王粲算是个奇人

王粲十七岁的时候，皇帝征召他做皇帝侍从、传达诏命的黄门侍郎。王粲因为长安很混乱，没有赴任。不久，他到荆州去投刘表。刘表见他相貌猥琐，身体孱弱，又有点儿不拘小节，不太看重他。刘表死后，王粲力劝刘表的儿子刘琮归附了曹操。曹操任命他为丞相掾，还赐给他关内侯的爵位。

魏国建立以后，他被任命为侍中，做了皇帝的应对顾问。王粲因博闻强识，负责除旧布新，制定新的典章。

王粲的博闻强识到了什么地步呢？有几件事可以证明。

一次，王粲和友人同行，看见路边有座古碑，就站在那儿朗读起来。友人问他："你能背诵吗？"王粲回答："能。"友人当即叫他转过身去背诵碑文，结果一字不差。

还有一次，王粲看别人下围棋，有人不小心碰乱了棋子，他说能帮着人家按原来的局势把棋子重新摆好。下棋的不信，拿出块手帕盖在棋盘上，让他换个棋盘重摆，结果，连一个的误差也没有。王粲可谓是个奇才。

王粲擅长写文章，总是一挥而就，从来不用修改，当时的人常常以为他是预先写好的，但尽管反复精心构思，写出的文章也没法超过他。公元217年春，王粲病死在伐吴的路上，时年四十一岁。

魏国钟繇《荐季直表》碑刻

# 14

# 清酒为圣人，浊酒为贤人

　　魏国刚建立时，曹操任徐邈为尚书郎。当时法令禁止酗酒，但徐邈喜欢喝酒，常私下痛饮以致酩酊大醉。校事赵达询问政事，徐邈说自己是"中圣人（或'中圣'指饮酒而醉，是酒醉的隐语）"。赵达把这话传给曹操，曹操很是恼怒。度辽将军鲜于辅劝说道："平常喝醉酒的人称清酒为圣人，浊酒为贤人。徐邈性情谨慎，这不过是酒醉胡言乱语罢了。"结果没有被判刑。

　　魏王曹丕即位后，徐邈无论在哪里做官，名声不错，政绩也不错，被赐予关内侯爵位。曹丕巡视许昌，问徐邈："还充任中圣人吗？"徐邈回答说："从前子反在谷阳喝醉酒，半夜逃跑；御叔饮酒被罚以重赋。臣的嗜好和这二人相同，不能自我克制，所以时常喝酒。然而身上长瘤子的人因为丑陋而留下名字，而臣下却因为醉酒为陛下所认识。"曹丕大笑，对身边的人说："果然名不虚传。"

　　魏明帝时，徐邈任凉州刺史，皇帝给他的赏赐皆散给将士，从不给家里，致使妻子、儿女衣食常困乏。后来归朝任大司农，迁为司隶校尉。七十岁时，死于家中，死后家无余财。

　　徐邈虽然喜欢喝酒，但是是个清官，没有喝酒误事，也没有因为爱好丧失气节。

# 15

## 刘备宽宏，黄权知主

刘备攻打东吴，被陆逊打败，刘备逃到白帝城。手下将军黄权在长江北岸，道路被吴军切断，无法退回，无奈之下率部下向曹魏归降。蜀汉的有关官员请示是否逮捕黄权的妻子、儿女，刘备说："是我对不起黄权，不是黄权对不起我。"仍同以前一样对待黄权的家属。

曹丕对黄权说："你舍弃叛逆，投效朝廷，是在效法陈平、韩信脱离项羽，投奔汉高祖的作为吧？"意思是说黄权弃暗投明，但是黄权并没有献媚，而是实话实说："为臣受过刘蜀主的特殊恩遇，既不能投降东吴，又无路返回蜀地，故此前来归顺。况且败军之将，免去一死就是幸运，还有什么羡慕古人之处！"

一些从蜀汉投降过来的人说，蜀汉已处死黄权的妻子、儿女，曹丕要黄权为亲人发丧。黄权说："我与刘备、诸葛亮以诚相待，他们深知我的为人和志向。我怀疑此事未必属实，应再等一等。"后来得到确切消息，事实果然如黄权所说。

公元 223 年，刘备病逝，魏国的群臣都在庆贺而唯独黄权不这样做。魏文帝曹丕察觉到黄权有器量，想故意吓吓他，于是派人召见他。黄权还在路上，前来催促的使者一个接一个，在道路上交错奔驰，黄权的下属官员、侍从都吓得魂飞魄散，而黄权却举止自若，他明白皇帝只是吓唬一下他。公元 240 年，黄权去世。

# 16

## 辛毗不与小人为伍

魏明帝继位，封辛毗为颍乡侯，食邑三百户，当时中书监刘放、中书令孙资极得明帝的宠信，专断朝政。诸大臣都想方设法去巴结，只有辛毗不与他们二人来往。

辛毗的儿子辛敞劝道："而今刘、孙主管朝政，众人巴结唯恐不及。您还是稍稍有所屈尊，和光同尘，要不然他们一定该诽谤您了。"辛毗严肃地说："当今皇帝虽然说不上聪明，可也不是个昏庸顽劣之辈。我行得直走得正，自有自己的标准。就算是我与刘、孙二人不和，顶多不让我做三公而已，还能有什么危害！哪有大丈夫为了三公的头衔而摧毁自己的气节呢？"

冗从仆射毕轨上表说："尚书仆射王思是个很勤奋精明的旧臣，但是他的亮节计谋比不上辛毗，应让辛毗取代王思的职位。"明帝为此事询问刘放、孙资。二人说："陛下任用王思，就是因为看中了他的实干精神，不看中虚名。辛毗确实有高风亮节，但性情刚直专断，陛下应慎重考虑。"结果没有起用辛毗为尚书仆射，而是出任卫尉。辛毗虽然没有获得更高的位置，但是也没有因为官位谄媚佞臣，是个正直的君子。

# 17

## 博得虚名而无真正德才之人

　　许靖年轻时就与堂弟许邵一同成名，且都有喜好评论人物，但两人私下感情并不好。许邵官任本郡功曹，就排斥许靖使他不得被录用，许靖只好替人赶马磨粮来养活自己。后来刘璋派遣使者征召许靖，许靖由此入蜀，刘璋任命许靖为巴郡、广汉太守。

　　公元 215 年，刘备进军围困成都，刘璋的蜀郡太守许靖企图越城投降，事情败露并未成功。刘璋因益州即将攻陷，故此没有处决许靖。刘璋投降后，刘备因许靖背主之事而看不起许靖，对他不加任用。

　　参谋法正认为许靖虽然年老无才且没有节操，但是却闻名天下，如果不予任用，可能会给天下人不良的观感，造成以后人才招募以及政治号召上的困难。就劝刘备说："天下有获虚誉而无其实者，许靖是也（世上有一种有虚名而其实不符的人，许靖就是这种人）。然而主公您现在刚开始创建大业，不能让天下人议论您。对许靖还是

古画中文人图

敬重为好，以此抚慰远近之人，不使失望。" 刘备这才对许靖以礼相待，在经过思考之后，刘备遂任用许靖为左将军长史（刘备在东汉名义下的正式职衔只是左将军，故左将军长史即是刘备名义上的秘书长）。刘备自称汉中王时，被任命为太傅，公元221年刘备称帝时，更升任为司徒（三公之一），仅次于丞相诸葛亮，诸葛亮对他很敬服。以许靖的地位，连诸葛亮见了他也要下拜，但他并没有实权。

# 18

## 年过七十而仍占据官位

公元239年，魏明帝增加田豫食邑三百户，加上以前的，共八百户。公元240年，升迁为持符节护匈奴中郎将，加振威将军封号，任并州刺史。境外胡人闻知他的威名，他所管辖的并州界内清静安宁，百姓都安居乐业。

后来，田豫又被征召为卫尉。他多次请求退职，太傅司马懿认为田豫年纪正壮，下书告谕不予同意。田豫复信说："年纪已经七十岁而占据着官位，犹如滴漏已经漏尽，钟声已响完，而黑夜却还没有结束，这是罪人啊。"于是坚决称病辞职。

朝廷拜他为太中大夫，仍领取九卿的俸禄。田豫八十二岁时去世。田豫生活俭朴清贫，朝廷给他的赏赐都分发给部下将士。每次胡人给他个人送来礼品，都登记好收入官府，从不拿到家里，因此他家中常常贫困。他虽然性情孤傲，与他人很少来往，但人们都很看重他的节操。这样的官员值得现代人学习和尊重。

# 19

## 鼓励为国捐躯的烈士英杰

　　三国时期有太多的著名谋士，著名将领，但是也有很多不知名的小兵，他们其中也有不少忠臣义士，不少轻生重义的典范。

　　公元254年二月七日，镇东将军毌丘俭上书说："去年诸葛恪统领吴军围攻合肥新城时，城中守将派士兵刘整潜出城传送消息，不幸被吴军抓获。他们拷问刘整，并诱骗他说，只要把你知道的都说出来就会平安无事。但是刘整怒骂：'死狗，你这是什么话？我落到你们手里只希望死了做魏国鬼，从来就没想过投降，也不想苟活。你们想杀就快把我杀掉，想从我这里得到消息，没门！'一直到死，他也没说过乞生求饶的话。

　　"此后城中又派士兵郑像出城传递消息，有奸细给吴军报信，诸葛恪命骑兵绕城搜索，郑像不幸也落入敌手。为了瓦解城中守军斗志，吴军将郑像绑起来绕城而行，逼迫他对守军喊话：'朝廷派出的援军已退回洛阳，我们是守不住城的。不如早点投降，投降可以免死！'郑像不为威胁所服，反而趁机对守城将士高呼：'我们的救兵已经来到，马上就要对敌人发起进攻。守城将士努力作战啊！'吴兵用刀刺入他的嘴中，使他喊不出话来，郑像忍痛发出很大的声音，让守城的将士知道。

　　"像刘整、郑像这样的人，虽然只是普通的士兵，却能深明大义，保持气节，为国家不惜献出生命。他们的子弟也应得到一定的优待。"

　　魏少帝为此下诏说："国家分封显爵是为了襃扬建立丰功伟业的文臣战将，制定重赏是为了鼓励为国捐躯的烈士英杰。刘整、郑像受命传递军情，在敌人的重重包围之中，迎着刀枪冒死出城，堪称是轻身重义、视死如归的壮士。不幸落入敌人手中，在生死关头依然保持气节，不屈不挠，弘扬了我军的军威，激励了守城将士们以身报国的决心。面对死亡而不惧，唯把所负的使命视为至高无上。

"过去晋国大臣解杨出使宋国时为楚所获，宁肯被杀也不愿叛国；齐国路中大夫被吴楚士兵擒住，不惜一死，终于在阵前告知齐王援军将至，完成了自己请求援军的使命。刘整、郑像比起先前这些刚烈志士，并不逊色。我决定追封刘整、郑像为关中侯，免去他们士兵身份，他们的儿子继承其爵位。他们的葬礼也按军队阵亡将领的规格去办。"

# 20

## 什么是三老和五更

公元 258 年九月四日，魏国天子下诏说："尊崇有德行的老人，推行教化，这是古代尧、舜、禹三代树立风范垂之不朽的仁政。朝廷理应推举德高望重的三老、五更给予极高的荣誉，不断请他们对国家大事和朝政得失予以指导，把他们的德行言语记录下来，然后全国都仿效他们，便可以收到教化之功。现在我们就该找出这样仁德兼备的长者，来作为三老、五更的人选。关内侯王祥，历来以仁、义的标准修身处事，温文尔雅；关内侯郑小同，温良恭俭，依礼而行，都是当今著名的贤者。朝廷决定推举王祥为三老，郑小同为五更。"诏令发布后，天子亲率有关朝臣，按照古代的习惯举行聘任礼仪。

这里解释一下，什么是三老和五更呢？三老是乡官之名。汉初乡、县也有三老，由年纪在五十岁以上者担任。五更是指年老致仕而有经验之乡间耆老。天子也往往尊礼三老、五更，往往以年老大臣为之。依照古礼，皇帝向三老、五更示敬时，不仅要跪拜，还要亲自割牲、执酱、执爵。

民国时期《卧冰求鲤》年画

王祥这个人，在东汉末年隐居二十年，后官至太尉、太保。以孝著称，为二十四孝之一，《卧冰求鲤》的主人翁。东汉末年天下大乱，王祥就隐居了三十多年，不应州郡的征召。后来徐州刺史吕虔写信来召他担任别驾，委任他管理州中事务，结果州界境内平静安定，政事教化顺利推行，当时的人歌唱道："海沂之康，实赖王祥；邦国不空，别驾之功。"

郑小同是东汉经学家郑玄之孙，历官郎中、侍中，封关内侯。为高贵乡公曹髦讲授《尚书》。后来司马师在杀害郑小同时曾说："宁我负卿，无卿负我。"

这两个人在当时都是有名望的人，称得起"三老、五更"的称号。

# 21

## 遇事不争，君子之风

钟离牧年少时迁居永兴，亲自耕种田地，种水稻二十多亩。将要成熟时，县里有人按标志来认领稻田，钟离牧说："本来就是荒芜弃田，故此才将它开垦。"于是就将水稻给了那人。

县长听说后，认为那个人不劳而获，将那人召去关进监狱，准备杀掉这个不劳而获的人，钟离牧前去为他求情。县长说："您做人宽宏大量，不和小人计较，施行仁义之事，而我是百姓之主，则应以法令约束百姓，怎能舍置国家法令而顺从您的心愿呢？"钟离牧说："这里是郡界，由于您有心照顾，故此我才得以暂住。如今为了一点稻子就杀掉这个人，我还有什么心意再住下来呢？"于是出县衙回家整顿行装，准备回到山阴去，县长无奈，只好亲自前往家门劝阻他，为他释放了那个人。

那人十分惭愧害怕，带领妻儿把那些稻子春成六十斛米，送还钟离牧，钟离牧关起门不接受。那人将米送来放在他家路边，但是无人去取，因为人都是要脸面的，谁也不好意思不劳而获。

公元 263 年，曹魏攻灭蜀汉，当时有人认为在吴蜀边境武陵郡的五溪夷族可能会叛乱，钟离牧于是被任命为平魏将军，领武陵太守，到当地镇守。后又以前将军假节，领武陵太守。

# 22

## 韦曜讽刺下棋的人

韦曜，年少时好学，能写文章，后来做了太子中庶子。当时蔡颖也在东宫，他一向喜爱下棋，孙权的太子孙和认为下棋没有益处，故让韦曜来论说此事。

韦曜写文章批评下棋的说："听说君子耻于正当年华而功名未建，痛恨终尽人世而声誉不扬，故此说学习如不及时，犹恐失去良机。因而古代有志之士，伤悼年岁的流逝而担心功名未及建立，故此勉励振奋砥砺操守，早起晚睡，顾不上休息，经年累月苦下功夫……至于一般的臣民，怎么可以止步不前呢？历观古今建立功名事业的人，都有不同一般的努力，亲身劳苦，尽心思虑，贫困

明代仇英《汉宫春晓图》中的下棋场景

不荒废学业，穷困不改更志向……也因此成就不朽的功名。

……

"如今世人大多不致力于经术，喜玩下棋，废弃事业，废寝忘食，耗尽日光，继以燃烛。当他们面临棋局交锋争战，胜负未分时，便聚精会神，专心致志，心劳体倦，人事荒废而不整修，宾客前访无人接待，虽有太牢供品般的美味佳肴，《韶夏》舞曲之类的动听音乐，也无暇品评欣赏。

"以致有人赌注衣物，变移下棋的目的，使廉耻的思想观念松弛，而忿戾的神色产生，然而他们的志向没有超出一个棋盘的范围，所追求的没有越过方格之间的距离，战胜对手没有封赐爵位之赏，获得地盘没有兼并土地之实。

"这种技巧不属于经典六艺，这种才能不能用于治理国家，立身处世者不能借用下棋的技能，征选人才者不能通过下棋的途径。

……

"如果让世人转移下棋的精力到用功诗书上去，就会有颜回、闵损的志向；转移到用功智谋上去，就会有张良、陈平的思维；转移到用功殖货上去，就会有猗顿的财富；转移到用功射御上去，就会有将帅的才能。做到这一步则功名即可建立，而卑贱就会远弃。"后来孙和被废黜后，韦曜任黄门侍郎。

韦曜说的评论下棋的言论，也可以给现代玩物丧志的人以警示。